播种太阳

做一名幸福的园丁

杨大成　编著

吉林文史出版社
JILIN WENSHI CHUBANSHE

图书在版编目（CIP）数据

播种太阳：做一名幸福的园丁 / 杨大成编著. —
长春：吉林文史出版社，2021.6
ISBN 978-7-5472-7843-7

Ⅰ.①播… Ⅱ.①杨… Ⅲ.①儿童教育—家庭教育
Ⅳ.①G782

中国版本图书馆CIP数据核字（2021）第131741号

播种太阳：做一名幸福的园丁
BOZHONG TAIYANG ZUO YIMING XINGFU DE YUANDING

编　　著：杨大成
责任编辑：吕　莹
封面设计：言之凿
出版发行：吉林文史出版社有限责任公司
电　话：0431-81629369
地　址：长春市福祉大路5788号
邮　编：130117
网　址：www.jlws.com.cn
印　刷：北京政采印刷服务有限公司
开　本：170mm×240mm　1/16
印　张：11.75
字　数：212千字
版印次：2021年6月第1版　2021年6月第1次印刷
书　号：ISBN 978-7-5472-7843-7
定　价：45.00元

编 委 会

序 言
PREFACE

家校有效沟通是实践走心德育、立德树人的法宝

  为了深入贯彻习近平总书记系列重要讲话精神，深圳市盐田区外国语学校始终坚持育人为本、德育为先，以培养学生的良好思想品德和健全人格为根本，大力培育和践行社会主义核心价值观。坚持学校教育与家庭教育、社会教育相结合，不断地完善学校德育工作长效机制，全面提高学校德育工作水平。深圳市盐田区外国语学校从多角度入手，狠抓德育建设，狠抓师德师风建设。深圳市杨大成名班主任工作室以德育为先的原则，为学校的德育建设起到了引领和示范的作用，尤其是工作室的"家校共育有效沟通"走心德育这一理念，深得教师、学生、家长和社会的一致好评。

  在立德树人家校共育的建设中，我们不得不承认，家庭是一个微系统。家庭是孩子的第一所学校，学校是孩子认识社会、走向社会的中转站，只有家校共育才能进一步促进孩子的健康、全面成长。但是在现实生活中，家校有效沟通等方面问题的凸显，家校共育存在的诸多困境，值得我们深思。

  家长和教师之间的矛盾是现代教育中不可避免的，我们需要理性地看待家长和教师之间的矛盾。家长与教师之间的矛盾除了制度和理念的原因外，莫过于学生或家长对教师的不尊重、教师对学生的教导不够细致负责、家长和教师之间的沟通不充分等原因。因此，针对这一现象，深圳市杨大成名班主任工作室在主持人杨大成老师的带领下，深入开展了家校有效沟通、走心德育的课题研究工作。

  杨大成老师是中学语文高级教师，深圳市优秀班主任，深圳市杨大成名班主任工作室主持人。杨大成老师在主持市名班主任工作室期间，主持省级德育课题"新

1

样态下的培训家长和孩子有效沟通的实践研究"并顺利结题。他是省级教育课题研究项目"初中一体化班会探究"研究组成员，致力于研究家校有效沟通途径。主持人杨大成老师还曾到南京、百色、深圳大鹏等诸多学校交流合作，并做相关培训讲座。他还应邀主持培训梅沙双语学校班主任的班级管理工作，为民办学校发展助力。

基于以上几点可以看出，杨老师是一个胸怀德育、有理想、有抱负、敢闯敢实践的新时代优秀教师。这本书的出版是杨老师带领工作室全体成员研修的智慧结晶，里面承载了杨老师对以立德树人为教育之本的传承和呼告，代表所有开展德育教育的有识之士的共同心声，是班主任开展有效家校沟通的参考宝典。

工作室在教学研修的时候发现，家校沟通是教育过程中最大的难题。杨大成老师利用自己是民主促进会会员的身份撰写年度提案，提交政府相关部门要有意识、有规矩、有规模、有章法、有体系地开设培训家长课程的提案。他提出，教师的工作特点就是传承，教的是知识、见识和胆识，育的是性格、人格和品格。我们要充分理解立德树人应当首先与学生家长进行有效沟通的德育理念。

我们深感家庭教育对孩子成长的重要性。在某种程度上，家庭教育的重要性甚至超过学校教育。有着良好家庭教育的孩子，即使所在的学校不够好，他们也常常能幸福成长。因为父母与孩子朝夕相处，他们对孩子的影响巨大而长久，常常是学校所不能及的。

为了解决良性交往沟通这一问题，杨老师认为，班主任不仅要和学生过招，还要有胆、有法、有效地与家长沟通。教师在师范教育里有培训，要有教师证；家长驾驶车辆要培训，要有驾驶证；我们的家长结婚生子要有结婚证和准生证。所以，我们的家长科学抚养孩子更要培训，这就需要我们的专家或班主任给家长们定期、定时系统授课，成绩合格后，班主任代表教育局给家长颁发合格的"育儿证"。所以，班主任要踏实地与学生、家长、科任教师沟通共情、意识共鸣、家校共育、资源共享、和谐共荣。只有这样做好铺垫，才能睿智轻松地做个好班主任。

这本书就是深圳市杨大成名班主任工作室为所有班主任和家长提供的一个有效沟通的范本。在立德树人的道路上，深圳市盐田区外国语学校既向下潜沉汲取营养，又向上飞扬向更高的目标进发。我们坚信，一个人可以走得很快，但是一群人可以走得更远。在此书出版之际，祝福杨大成老师以及深圳市杨大成名班主任工作室既走得快又走得远，成为更多教师践行走心德育的引路人，为更多家长和社会大众谋福利。

谢学宁

深圳市盐田区外国语学校

2020年10月10日

播种太阳，做一名幸福的园丁

——家校有效沟通走心德育途径

网络上流行着一句话："教育好自己的孩子，才是你最重要的事业！"所以，为人父母是世界上最揪心的职业。但我认为，做教师尤其是做班主任才是世界上最揪心的职业。作为教师会经常与家长打交道，深深体会到家校沟通之难，而家校有效沟通更是难上加难。我们不得不承认，由于每个人的思维方式、生活习惯、学习阅历、脾气秉性、素质修养都是不同的，导致每个人的性格不同，但我还是希望能够在工作生涯中，播种下心中的太阳，做一名幸福的园丁。

杨大成名班主任工作室在集体教学研修的时候，发现家校沟通是教育过程中最大的难题，教师的工作特点就是传承，教的是知识、见识和胆识，育的是性格、人格和品格。我们要充分理解并践行与学生家长进行有效沟通的德育理念。因此，工作室的研修任务就定位在家校有效沟通、走心德育这一课题上。

深圳市杨大成名班主任工作室的研修定位和研修的顺利开展，首先得益于工作室导师——深圳市教科院德育教研员卢艳红博士和深圳市教科院唐雪梅主任，同时也得到了深圳市盐田区外国语学校谢学宁校长的大力支持和高屋建瓴的指导。作为深圳市名班主任工作室主持人的我，感到重任在肩，于是问道于走心德育的创始人、倡导者——广东省家教协会李季教授，并经过自己持续的努力，在工作中将走心德育落实到教育教学中。

工作室研修工作得以如火如荼地开展与以上领导们的大力支持和倾情帮助是分不开的，在这里，对以上的领导和工作室所有成员一并表示衷心的感谢，没有他们的支持、合作，就没有今天这本书的出版。

在这期间，工作室顺利开展省级德育课题"新样态下的培训家长和孩子有效沟通的实践研究"。在这方面的研究中，我提出了工作室的定位和总目标。

工作总思路：倡导班主任管理思维改变和班主任管理办法改革。

团队核心教研课题思想是改革管理思想，由单方面管理转变为双方面管理，由对学生进行系统管理的管理理念转变到对家长和学生两者都进行系统培训和引导的管理理念上来。工作室对于已经初具规模的管理理念进行研讨、细化、实验、践行，主要的管理理念是以预设为主，防患于未然，把事件处理在萌芽状态。

在教师上岗前，需系统培训科任、班主任管理学生和家长的原则和技巧，达到学生持续有效自律、家校持续合作共赢、社会给予充分认可的目的。

教育部门或学校应该系统有序地培训家长，在家校合作和育儿理念方面进行全面的、系统有序的培训，达到家校共情、和谐育人的目的。工作室倡导改革理念，为班主任呼告代言，为家长管理理念补习，为学生成长解惑，为教育发展铺路，为社会理顺人才管理，铺就和谐大道。

工作室合作须达成的总目标：

倡导德育改革新颖理念，传播有效育人全情思维，预设精细管理沟通预案，达成家校师生共情和谐。家长"有证"上岗，教师有序育人，学生有念成人，三者有力共情合作。

杨大成名班主任工作室要以"二主"（学生主体+教师主导）、"二注"（关注+专注）为工作室核心理念，吸引市、区兄弟学校一线志同道合的班主任共同着眼于一线，扎根于一线，结合市、区教育局的有关要求，打造一支具有知识性、专业性的班主任队伍，开展班主任工作的探索和实践，打造学习共同体、成长共同体，力争在师德师风、人才培养、培训交流和课题研究等方面发挥更大的引领、辐射和带动作用。

二主：

1. 班级管理以班主任（与科任合作）管理为主导。

2. 以学生（与学生合作）和家长（与家长合作）为主体。

二注：

1. 关注学生的成长，更要关注学生家长的培训学习。

2. 专注班主任的心理建设与班主任对家长的管理变革。

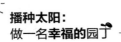

　　基于工作室的定位和总目标，我们把研修成果汇集于此书，仅供广大教师和家长参考，但愿能起到抛砖引玉的作用。

　　本书共设置七个章节，班主任通过建立学校、学生与家长三方有效沟通机制，落实班级管理自律的途径，避免师生冲突和亲子冲突，引导他们积极参与班级文化建设，解决学生青春期和叛逆期的问题，实现安全文化建设，实施师生、家校协作科学管理学习，对学生进行情商与逆商的培养，诠释家校有效沟通走心德育的理念、方法和策略。

　　本书的方法策略是工作室集体研究的成果。由于作者水平有限、时间仓促，本书错漏之处必定不少，恳请各位读者批评指正。本书写作中参阅了许多专家学者的研究成果，在此一并表达感谢。愿天下所有教师都能够在工作中顺利开展家校有效沟通走心德育工作，播种下心中的太阳，做一名幸福的园丁。

杨大成

2020年11月11日

目 录
CONTENTS

第四章
家校有效沟通解决学生青春期和叛逆期的问题

第五章
家校有效沟通安全文化建设

第六章
家校有效沟通科学管理学习

第七章
家校有效沟通对孩子情商与逆商的培养

第一章

家校有效沟通是实现班级 管理自律的途径

家校师生有效管理沟通走心德育

——做一个睿智型班主任

深圳市盐田区外国语学校　　杨大成

班级管理往往不只是师生之间的沟通管理问题，更是班主任、科任教师和家长之间的沟通管理问题。"教师一天长又长，天色未明就起床。做完早操陪早读，上罢早课尝糊浆。备好教材一本本，改完试卷一张张。班级工作认真做，家访任务细相商。回家吃罢囫囵饭，迷迷糊糊到天亮。周而复始今又是，一心为国育栋梁。"这就是我们做班主任的真实生活写照。

只缘身在此山中，是因为忘了朱熹的那句"问渠那得清如许，为有源头活水来"。活水是什么？不只是读书的问题，更是思维的问题。班主任要用清醒睿智的大脑分析思考后，得出具有前瞻性的结论，才能够清晰准确地和学生、家长以及科任教师进行有效沟通。这是解决大家对班主任工作不满意的根本方法。因此，不能一味地低头拉车，更要用脑抬头看路。班主任要先认清规律，遵循学生认知和成长的规律来规范学生的成长轨迹，正确地和学生、家长以及科任教师进行有效沟通。引导学生和家长全面配合，带动同事间和谐互助，才能做一个睿智型班主任。

韩愈在《师说》中说："师者，所以传道授业解惑也。"教师，不只是简单的教书匠，还要教授学生为人处世的道理与主动学习的能力。德育为先，文化其次，拥有自强不息和厚德载物的可贵品质，这个学生才真正具有社会价值。

德国哲学家雅斯贝尔斯说："教育意味着，一棵树摇动另一棵树，一朵云推动另一朵云，一个灵魂唤醒另一个灵魂。"作为教师，尤其是班主任，我们就是那一棵树、那一朵云、那一个灵魂，我们需要做的就是摇动学生天真无邪的童年，推动学生走向健康成长的路，用自己真诚无私的灵魂唤醒学生渴望走向未来的灵魂。从班主任的角度想轻轻松松地推动另一棵树、另一朵云、另一个灵魂，谈何容易？

睿智型班主任要经营"四有+四想"走心德育模式。

一、"四有"走心德育模式

1. 有胆走心，有想干的睿智。不能"怕"字当头，更不能精神缺钙。既敢于面对挑战，又有能力保护自己；既有充分的精神认知准备，又有足够的物资能量准备。有想干的睿智，还有身体和心态健康，更有丰富的知识储备。

2. 有法走心，有会干的睿智。心中既没有私心，又有立德树人预案，使学生、家长、科任教师、管理人员等产生共情和共鸣。

3. 有效走心，有巧干的睿智。只有制订合理的实施方案，完善解决问题的实施路径，才能实现立德树人的教育目的。

4. 有果走心，有才干的睿智。立德树人得心应手，制定决策从容自如。能发表论文著作，直到成果等身后，荣誉加身，社会、学校认可，成就自我，而后引领同路人。

这让我想起任正非的"备胎计划"，他这一举措就是有胆、有法、有效、有果地走心设计的典型代表。

任正非曾经说过："今天的孩子，就是二三十年后冲锋的硕士、博士、专家、技师、技工、现代农民……代表社会为人类做出贡献。因此，发展技术的唯一出路在于教育，也只有教育。我们要更多地关心教师和学生，让教师成为最光荣的职业，成为优秀青年的向往，用最优秀的人去培养更优秀的人。"

优秀的教师、优秀的班主任应该有大智慧、大格局，应该是中国良心和中国脊梁，是引领实现伟大中国教育梦的责任担当！在采访时，任正非为教师们代言，为教育代言。

无独有偶，广东省德育研究与指导中心李季教授和我的导师深圳市教科院唐雪梅副主任，在我工作室的揭牌仪式上也谈到了"走心教育"。英雄所见略同，教育应该以走心德育为先，那么怎么走心呢？

二、"四想"走心德育模式

"四想"走心德育模式指的是有思想，想干的睿智；有想法，会干的睿智；有理想，轻松干的睿智；有效想，巧干的睿智。

应该睿智地、轻轻松松地做班主任，但是睿智、轻松不等于懒惰，而是指应对在班级管理中出现的突发事件的处理方式方法轻松。行至水穷处，坐看云起时。轻松就是有这种举重若轻的实力。

（一）有思想，想干的睿智

"有思想，想干的睿智"这种技能从哪里来？我认为，作为教师或班主任，在自身建设方面要打好基础，要真心、细心、耐心、用心地进行自身业务的建设和提升，对家长和学生进行预案培训，对班级科任教师进行团队精神引领。为什么要这样做呢？

1. 有难以管理的学生要培训。很多学生、家长、教师等与管理人员的喜好、性格、知识水平都不一样，有的是精致的利己主义者，他们不分享、少合作、难共鸣。

2. 中高考主要是选拔功能，而不是生涯教育功能。当前很多学校工作的现实是这样的：德育工作往往处于"说起来重要，做起来次要，忙起来不要"的尴尬地位，忙于活动，忙于教学成绩，班主任对部分学生及家长功利、短视的心态引导不够。

如果大家平时留意过有关德行的话题，会发现各个行业都有职业道德，但只有医生和教师有特定名词——医德和师德！为什么呢？

医生负责的是人们的肉体健康，而教师负责的是人们的精神健康，并且是祖国花朵、未来栋梁的精神健康。教师不止要有师德，还要有教书育人的职责。教书容易，育人难，"德"字就是教会学生做人的同时，还要对其进行精神抚慰。

我要说的是，谁来引导和改变家长？谁来改善社会环境？当然是我们身处教育一线的教师。好的教师、好的班主任会走心寻求家长共同参与、沟通，达到共情，达到共鸣，方能共事。

广东省德育研究与指导中心李季教授和我的导师——深圳市教科院唐雪梅副主任也谈到过走心教育。其中，唐雪梅副主任提到班主任在管理班级时，不仅要关注好学生和潜能生，更要关注中间生，也就是不用班主任太操心的那部分学生。这里我还要补充一点，就是不但要关爱中间生，更要树立他们和他们的家长的榜样力量，为我们轻松做班主任服务。此时用苏轼的诗句表达最好："莫听穿林打叶声，何妨吟啸且徐行。竹杖芒鞋轻胜马，谁怕，一蓑烟雨任平生！"

3. 解决学生交往沟通问题要培训。教师的工作特点就是传承，教的是知识、见识和胆识，育的是性格、人格和品格，所以班主任对学生的德育教育就是解决学生的交往沟通（与教师、家长、同学的正能量的沟通）。为了解决交往沟通这一问题，我们不只和学生沟通，更要有胆、有法、有效地与家长沟通。

所以我们奔走呼号，倡导改革理念。为家长管理理念补习，为学生成长解惑，为班主任呼告代言，为教育发展铺路。鲁迅讲过："世上本没有路，走的人多了，也便成了路。"我们都是那个有胆、有法、有效的引路人、开拓者与追梦人。

（二）有想法，会干的睿智

想要睿智、轻松地做班主任，首先我们要了解与班主任工作有关的一些事情。

1. 为什么要做班主任？班主任的"管理"二字是什么关系。（学校、教师、学生、家长）

班主任（教师职务）是20世纪20年代随着班级授课制出现的产物。我国自清末班级授课制建立以来，也并非一开始就选择了班主任制，而是先后经历了"级任制""导师制"。从中华人民共和国成立初期，才开始参照苏联经验建立"班主任制"，直至今日。

班主任的基本任务是，按照德、智、体、美全面发展的要求，开展班级工作，全面教育、管理、指导学生。所以，管理一词的重点在"理"。理顺学校、教师、学生、家长的关系，使之四位一体。我认为，班主任很容易忽略与科任教师协同作战的这一好方式！

2. 在做培训和惩戒工作时，班主任的心态、尺度如何把握？

培训学生的自律、情商、安全、合作意识，培训家长对待孩子的态度、方法。在惩戒、原则、方法、方式、态度、技巧、尺度的把握上要有教科书级的

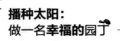

阳光心态。

当今社会是听众时代。说什么不重要，听者的理解最重要。所以，我们班主任做事的格局要大些，尤其是对待学生，我们要有观众视野、听众视野。每个人都是不可替代的，但我认为，没有缺点的人不是完人。要听其言、观其行，要有宽容心，不求全，不动心火，不急躁，静待花开。忙中易出错，急中易出乱，有时候无心插柳柳成荫。但要讲原则、讲立场，不能一味地让孩子放纵天性。

让孩子快乐成长是对的，但是释放天性不是纵容孩子，坚持督促也不是逼迫。只要把"爱"放在第一位，你就会想出很多方法，让孩子快乐地成为优秀的人。德育离不开教师的引导，美育需要和谐的氛围来滋润，师者在这个时代需要储备相当宽泛的社会阅历，才能有效预判孩子即将形成的各种意识形态，要知其所思，善于把握管理尺度，立德树人，投其所好！所谓的好教师必然首先是一个合格的好学生，这就叫换位思考。

我们了解了班主任的由来、班主任的职责和班主任培训学生的各种能力和原因，那惩戒学生工作时，班主任的心态尺度如何把握呢？怎么样做睿智轻松的班主任呢？

（三）有理想，轻松干的睿智

针对放手反思、调控、再反思、再调控，我从以下两个方面谈谈我对走心教育的理解。

睿智走心读书，多角度学习德育案例，如从书籍、讲座、继续教育、身边的能人中学习，其中最重要的是学习思维沟通能力。书中自有黄金屋，学习智慧是实践智慧，包括读书在内等各种途径的案例学习，是一个人创造性地、高效地、经济有效地、道德地解决在特定情境中所面临的实际问题的能力。

1. 管理事件善于睿智，有效走心反思。

案例的价值在于经过分析和探讨，使它背后的价值得到揭示，反映的问题得到探讨，隐藏的道理得到展现，从而启发我们思考，提升我们的认识，拓宽我们的视野，丰富我们的思路。所以除了案例的学习，善于反思，也是做一个轻松班主任的法宝。所以布置任何作业前，班主任都要想清楚达成目标会给学生带来哪些体验和成长。

为什么要反思？铁打的营盘流水的学生，反思能够让我们在以后的班主任管理生涯中不再犯同样的错误。

2. 实施中善于走心，听取不同的声音。

一个人能够对某个问题有所知，唯一的办法是听不同的人对这个问题提出不同的意见，了解具有不同思维特点的人是如何使用不同的方法来探究这个问题的，所有有智慧的人都是通过这种途径获得其智慧的，人的智力的本质决定了只有这种方法才能使人变得聪明起来。

——约翰·斯图亚特·密尔《自由论》

这些不同看法，有助于我们从多视角考虑问题，学会复杂性思考，使我们面对问题时能变得更富有理性和智慧。教育实践的情境是复杂的，班主任遇到的实际问题大都是开放的，没有唯一的标准答案。这就是我不想细讲一事一例解决办法的原因，也不好用。所以我们一方面要使自己的思维复杂起来，考虑到多种可能性，同时要明确自己的价值取向，根据实际情境进行选择和决策。案例是死的，反思是活的。只有合作、倾听、沟通方能共情，共情方能共鸣。这是做睿智、轻松班主任之前的必修课！

（四）有效想，巧干的睿智

初接班要走心，合理规划班主任工作。走心培训沟通管理特色，处理管理细节，达成目标配合方式，协作原则，讲话方式等所有有利于开展班级工作的内容，科学管理班级，从繁重复杂的班主任工作中解放出来，你就会睿智轻松起来。

1. 在学习、纪律、卫生、活动等方面科学管理班级，提高管理效率。确立班级承包责任制，让每一位学生都有事做；建立合理的评价激励制度，公平、公正、公开，让每一位学生都有动力去做好每一件事。

2. 制订班级管理计划。根据初一、初二、初三的特点来制定工作重心，用走心理念管理班级。

例如，我在2015年所带的七班，经历了3年的管理，每一学年塑造不同的走心管理理念，让管理达到了脚踏实地、仰望星空的生涯教育目标。

总体理念：脚踏实地，仰望星空！塑造自己，成长为具有领袖素质的人才。

初一理念是"脚踏实地的养成教育"。学习是一种习惯和态度，全方位打造学生在做人、学习、纪律、卫生、团队合作等方面的好习惯、好态度、好方式，养成用领袖思维做班主任的小助手。

初二阶段开始启动第二个理念，即"仰望星空，超前学习"。在第一个理念的基础上，养成用领袖思维升级奋斗目标，做班主任的小助手，做自己奋进的领袖，在自律、管理、学习、卫生等方面尝试养成领袖思维的工作作风。

初三阶段的理念是"仰望星空，脚踏实地。坚持锻炼与有效利用时间学习"。备战体育和文化课双中考。

有效走心的奋斗目标有助于学生塑造正确的世界观、人生观、价值观，培养心理健康、懂规矩、守纪律、有修养的接班人。

学生经历了三年的塑造，形成了团结、公平、正直、文明、礼貌、诚实、勇敢、仁爱、热爱劳动、艰苦朴素的人格素养。

利用班会、晨会、校本课、活动课、拓展课等一切可以利用的机会来对学生进行实际教育，要求所有的教师和学生不空喊口号，不唯分是图，不唯我独尊，不得过且过。

我采用的走心德育方法首先是率先垂范、以身作则，然后要懂得一些心理知识，以心理教育为突破口，时刻牢记当思想教育不能解决问题时，应考虑是不是心理问题，分清思想问题与心理问题。要重视和发展家庭教育，最后整合团队的力量。众人拾柴火焰高，利用已有的校内外的一切相关资源开发德育团队和智育团队。

总之，管理要有效走心落地，就必须要与学生、与家长、与科任教师沟通共情，意识共鸣，家校共育，资源共享，和谐共荣。

下面是我在有效家校共育方面总结的师生家长和谐共荣三字经。

想轻松，师认清，知彼此，战不殆。

想轻松，先培训，习养成，易共鸣。

想轻松，要干货，无类触，难行通。

岗持证，育有序，念成仁，能共鸣。

对学生，缓语调，换角色，方共情。

师心态，勿急躁，有尊重，听心声。

调目标，待花开，红线警，勿碰铃。

格局大，知不能，尽心力，弗紧盯。

勤更新，常沟通，同道助，方轻松。

> 对家长，讲育经，解困惑，知心声。
>
> 更思维，主方法，易习惯，鼓励中。
>
> 不功利，记初衷，宽有度，严分明。
>
> 学放手，弃唠叨，偷关注，轻拨动。
>
> 多互动，少司令，有启发，无代工。

初心践行，使命所在；信心前行，力量所在；决心艰行，定力所在。我思故我在！所以有人说："世界上最悲哀的事，大概是你随便说说而已，我却当了真。"在我的教育词典里写着："最好的哲学，就是学校先行德育；最好的智慧，就是教育者走心落地；最好的讲座，就是您的信任！"

最后，用一段话和朋友们共勉，司马懿对曹操说："臣一路走来，没有敌人，看见的都是朋友和师长。"而我，教育一路走来，不离不弃，因为与我并肩战斗的都是为教育事业全情投入的同事。最后，祝所有的教师在家校师生有效管理沟通走心德育方面，做一个睿智型班主任。

想说 "爱" 你不容易

——有效沟通走心德育纪实

深圳市盐田区外国语学校　杨大成

　　现代的师生关系是以教师尊重学生的人格和平等地对待学生、热爱学生为基础，同时又看到学生是处于半成熟、发展中的个体，需要对他们正确指导；教师不仅要成为"经师"，而且要成为"人师"；在对待师生关系上，新课程强调尊重、赞赏，尊重被孤立和拒绝的学生、尊重有过错的学生、尊重有严重缺点和缺陷的学生、尊重和自己意见不一致的学生。

　　我觉得这些专家的评论讲得太好了，有深度，有高度，更有力度。但是实际操作起来，又有多少班主任能完完全全做到呢？其实对于我们班主任来说，想说爱你——问题学生——真的不容易！

　　你看，今天的扣分单上他又"荣登"榜首。他的种种行为一下子又涌到我的脑海里：初一因带手机和吸烟被学校处以两次警告处分；又因打架被处以严重警告处分……

　　本来初二期末劝退了他，却因任何一所学校都不收留而又回到了我们初三（四）班。可是我很清醒，我还要和他过招呀。做这个班级的班主任一年多了，个中的苦和累自不必讲，问题的关键是，我用尽了各种手段，软硬兼施，绞尽脑汁做的工作，效果却很不明显。我真是头疼呀，我对他付出了这么多，他怎么就不能心存感恩呢？我真怕辜负了学校对我的信任。

　　可是就是这个学生，在一次作文中的一段话，彻底改变了我的教育观。他是这样写的："今天杨老师冲着我笑了。老师快有半年没对我笑过，眼里有的只是失望和怒气。今天他不但对我笑了，而且还摸了摸我的额头，看我发烧了没有。我有一种被父亲关爱的感觉，真的，是那种儿时感受到的父亲的爱抚，我有7年没有父亲的关爱了……真的希望我的感冒慢点好，慢点好……"

看到这里，我的心猛地一颤，我不经意的一个笑容，竟然对他这么重要！我突然明白了，原来做好他的工作这么简单。他是一个重感情、讲义气的学生，只要我发自内心地关爱他就够了，就能温暖他因父母离异而寒冷的心，就能激活他因父母双双远离而自暴自弃的生活热情，就能推开他因自我保护而紧闭的心门。

于是我趁热打铁，找他长谈了一次。首先我诚恳地向他承认错误，我对他关心不够，并且为对他过去的做法纠结，有时从成见出发，而不是从实际出发搞清事情的真相。

这次他也表了态，要痛改前非！我们一起制订改进方案：坚持每天写反省日记，每天做了哪些好事，做了哪些错事；并建立学生"成长记录卡"，让他时刻警惕不良倾向，防范自己的"不良记录"；找出问题所在，并写出保证改进与做好的措施，从而实现由"他律"到"自律"。

接下来的日子他的所作所为真的让我大吃一惊，由此对他刮目相看。

第二天他就向我交了一份撤销处分申请，说以实际行动来证明自己要痛改前非。我半信半疑地接过来，并有意地看着他的眼睛，说："好，让我和你一起努力！"于是他开始认真听所有的课，就连难背诵的《出师表》他都背下来了。尽管后来他又有几次违反了学校规定，但是他的自我反省和改正的欲望很强，能够主动写反省日记和制订改正方案，这让我很欣慰。

接下来正好赶上广播体操比赛，没想到的是他能主动提出，由他来带最难练成型的那组同学排练。别的组都休息了，可是他们那组还在练习，并且没有一个同学对他有怨言。

学校分班验收总结的时候，范主任表扬了初三（四）班，练得认真，做得整齐到位！他很高兴地看着我，我也笑呵呵地向他竖起大拇指，这时候扩音器里又传来范主任的声音："今天全校做得最卖力的同学是——XH同学，他做操的姿势优美，动作有力到位，非常认真！"操场上传来热烈的掌声，我第一次看到他流泪，可是他转瞬就笑了，笑得那么开心、那么灿烂。

最让我感动的一件事是，他还有三天就离开盐外，移民到澳大利亚了，为了响应学校的号召，迎接德育评估团检查，他还是主动地买了一双黑色的校

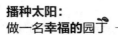

鞋。其实在此之前，我答应过他，到时候他可以不上去做操迎检。可是他说："老师，在盐外，我要给自己画上一个圆满的句号。"

周一临行前，全班同学也包括我围着他道别。上课了，很多同学哭着回到班级，真是难舍难分呀。这时他对我说："老师，我想抱抱你。"霎时我的眼泪就流出来了，我哽咽着说："做你的老师，我不后悔！"

接着他去了学生处，和学生处所有人一一道别。

现在回想起来，我的心里还是酸酸的。我深知，教育行业对后代的影响超过其他行业。师生之间的关系决定着学校的管理面貌。管理班级需要的不仅仅是权力，更重要的是思想和精神，是付出你的真爱和宽容。只要你付出的是真爱，学生会感受到的，也会爱你的。到那时，教师和学生都会说"想说爱你很容易"！

有效沟通，细节决定成败

深圳市盐田区外国语学校　　杨大成

俗话说："小细节决定大命运，抓住了就是财富，丢失了就是灾难。"教师抓住的细节越多，学生成长得就越快。要严中有爱，班主任的一个微笑，就可能会改变一个学生改变一个班级，使班级形成团结、和谐、向上的班风。

在刚当初一（三）班的班主任时，我觉得做班主任就要摆出威严的架势，不要和学生走得太近，这样才会使学生望而生畏，才能管理好学生。于是我就这样做了。很快，我成了学生心目中的"警察"，一声"班主任来了"，教室里就会静下来。望着学生们一张张严肃的面孔，我心里暗暗高兴。

可是，事情并不像我想的那样美好，慢慢地我就发现了一些问题。有的同学来告状：×××骂人了；×××扔纸了；有的同学打架了；有的同学厌学了……每当看到这些现象时，我自己都有一些意外，更有一些心痛，为什么学生在我面前纪律很好，离开我就管不住自己了呢？为什么学生遇到问题不愿意和我交流？为什么……

我陷入了反思：仅靠威严是教育不好学生的，这种威严是班主任教育工作简单化的表现，班级里的每一个学生都是有血有肉、有感情、有思想的特殊个体，怎么能用威严的面孔抹杀了学生的个性发展呢？只有充分地理解、尊重、信任学生，并不断地和他们进行真心的交流，才能创造出良好的教育氛围，才能使我们的教育收到实效，才能使学生身心得到健康的发展。

我应该改变态度，用微笑代替威严，真心实意地和学生交朋友，让学生从内心深处理解班主任、相信班主任。这天，第一节课预备铃前，我早早地站在教室门前，带着微笑迎接每个走进教室的学生，遇到几个比较调皮的学生，我

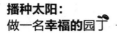
还不时地拍拍他的肩。同学们看到我的笑脸，一开始不太适应，但很快就在下面笑了起来，一个个笑脸是那样灿烂，往日的严肃不见了。这时，我们的心情无限好，微笑的魅力开始起作用了。于是，我开始了新的班主任之旅。

一、把班级还给学生

要为每个学生创造参与班级管理的机会，使他们在管理的实践中学会自主管理，在自主的活动中培养自我教育能力。也就是说，在一个班级中，让他们：

1. 人人管自己，事事自己管，让每一个人都在闪光、发热。

2. 人人有事做，事事有人管，每一粒种子都在生根、发芽。

这也是我们学校领导所倡导的。

当班主任把"要学生做什么"变成"学生自觉该做什么、怎么做"后，外在的约束就变成了学生的自我意识。当然，这需要一个过程，因为他们毕竟还是孩子。只要给他们机会，他们还是能把事情做好的。

初中生有一定的自我管理能力，而且一个个也都乐意管理班级中的事情。我只需要把任务细化，比如，陈颖莹是管排队的，刘正、邝诗茵是管课堂纪律的，蔡滢是管班级卫生的，等等。但是学生毕竟还比较小，他们在管理时也会碰到一些困难，或者事情没做到位。面对这样的情况，我们需要提醒学生，让他们自己解决，把事情做好。

二、班干部是班集体力量的源泉

班干部是班集体的"领头雁"，培养一批优秀的班干部对减轻班主任的负担很有好处。因此，我也就根据学生的责任心、学习能力和工作能力选出各类班干部。之后，我就和他们一起明确任务、目标和基本方法，在实际工作中经常和他们讨论最佳工作方案，针对班内的棘手问题讨论解决方法，每天一小结，当天的问题当天解决。对于不负责任的班干部，我会单独和他交流，指出不足，提出改进方法。实践表明，这种做法实效性强，师生关系民主、融洽，我和班干部拧成了一股绳，共同努力，共同成长。

海尔集团总裁张瑞敏说："把每一件简单的事做好就是不简单，把每一件平凡的事做好就是不平凡。"从那时起，我总是第一时间把微笑送给我的学生，无论是早上迎接学生还是每一个课间、每一节课、每一次主题班会、每一次和学生面谈……一个微笑、一次交流，让调皮的蒋昊开始用心学习起来；一个微笑、一次弯腰，让乱扔纸屑的陈泽宇从此成了班级的卫生保洁员；课堂上一个微笑、一次鼓励，让学生又找到了活跃的历史课堂；一个微笑、一句劝勉，让失去信心的学生看到希望。

一分辛劳，一分收获。认真对待每一件事，认真做好每一件事，付出总会有好的收获。班级管理要从细、从严，这两种做法是必不可少的。我愿在班主任这个舞台上做一个更勤奋、更智慧的舞者。

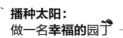

有效沟通，让爱感动心灵

深圳市盐田区外国语学校　杨大成

真教育是心心相印的活动，唯有从心里发出来，才能投射到心灵的深处。唯有触动灵魂的教育才是成功的教育，而成功教育的前提就是尊重。坐下来，与学生平等交流，不只是姿势上的平等，更重要的是心与心的平等对话，唯有这样才能做到真正的尊重！

办公桌的抽屉里躺着一张纸条，每当看见它，我的眼前就浮现出一张熟悉的面孔……

一、"头痛王"学生

华是我遇到的众多问题学生中的一个，他是一个足球特长的学生，进入初中不到两个星期，教师们就"谈华色变"。面对这样难管的学生，我也曾急功近利地训斥过、高压过，但我看到的是他叛逆、冷漠的目光和一曲"涛声依旧"，怎么办？

二、摸清底细

世界上没有无缘无故的爱，也没有无缘无故的恨。我决定明察暗访，摸清底细，再来一个"知己知彼，百战不殆"。

从他妈妈的口中我了解到，这孩子从小父母离异，跟着妈妈、外公、外婆一起生活。由于没有父爱，家里人总想补偿他，于是衣来伸手、饭来张口，穿名牌、用名牌，家人溺爱至极。因为每天进行足球训练很辛苦，妈妈看在眼里、疼在心上，所以溺爱就更深一层。从同学的口中我了解到，这学生反应灵活，讲义气，爱打抱不平，但或许是受冷遇太多，对老师存在极大的抵触心理。摸清了底细，我心里有数了。

三、触其心灵

刚上初一时，他上课无精打采，要么搞小动作，要么影响别人学习，提不起一点学习的兴趣；下课追逐打闹，喜欢动手动脚；中午不但不休息，还违反纪律；作业不做，甚至上课连书都懒得拿……于是，我找他谈话，希望他能遵守学校的各项规章制度，以学习为重，按时完成作业，知错就改，争取做一个他人喜欢、父母喜欢、老师喜欢的好学生。他开始是一副爱搭不理的样子，还说："管我干吗？我打小就这样。"看他一副玩世不恭的样子，真想狠狠地批评他，可我还是耐着性子劝导他。后来他口头上答应了，可还是一如既往，毫无长进，真是"承认错误，坚决不改"。

此时我的心都快冷了，算了吧，或许他是根"不可雕的朽木"。但又觉得身为班主任，不能因一点困难就退缩，不能因一个后进生无法转化而影响整个班集体，必须面对现实！我心一横：不转化他，誓不罢休。他无进步，或许是并没有真正认识自己的错误，没有真正要做个他人喜欢的人的念头。

后来的一次谈话中，他说他最不喜欢小学班主任，我意识到让他认识错误的机会来了。我轻声问他："你为什么不喜欢那个老师？""因为她常常批评我，还总告状给妈妈！没用的，我才不会听呢！"我顺着问："老师为什么会常在课堂上批评你，你知道吗？"他不好意思地回答："因为我常违反纪律，没有按时完成作业，书写也不工整……""你已经认识了自己的错误，说明你是一个勇于认错的好孩子。但是，这还不够。小学老师经常打电话给你妈妈的出发点是好的，你的逆反心理我理解，我也保证不会打电话给你妈妈，我相信你能够独自处理好自己的问题……"我边谈边观察他的表情，发现他玩世不恭的态度没了，但还是低着头不作声，在维护自己小男子汉的尊严。

后来，我在办公桌上发现了开篇提到的字条。

杨老师，您好：

我给您添了不少麻烦，也给班级扣了很多分。通过前天您找我谈话，我觉得您是与别的班主任不一样的，您信任我，能够平等地待我。老师，我向您保证，今后我要写作业，要给班级加分，还要做班干部。总之，我要做一个努力

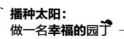

上进的人！（下面还画了几个大大的鬼脸）

我的眼睛湿润了。只要我们能坐下来，与学生平等交流，不只是姿势上的平等，更重要的是心与心平等的对话，一切都会好的！

后来，他无论是在纪律上还是在学习上，都有了明显的进步。当他有一点进步时，我就及时给予表扬，激励他，使他处处感到老师在关心他。他也逐渐明白了做人的道理，真的像换了一个人似的！

学会走进学生的心灵，与学生进行心灵上的对话，是教师和学生之间一个很重要的交流方式。霍懋征曾做过这样的论断："没有爱就没有教育。"因为有了爱，所有的包容、尊重才能成为可能；因为有了爱，所有的耐心和耐性才能实现。

第二章

家校有效沟通可避免
师生冲突和亲子冲突

班主任与学生进行有效沟通的谈话技巧

深圳市盐田区外国语学校　　杨大成

一、为什么要有良好的沟通

苏霍姆林斯基指出：教育的艺术首先包括语言的艺术。为什么这么说呢？因为教师的工作是创造性的劳动，在教师劳动的每一个领域，都需伴有取得沟通教育对象心灵最佳效益的语言。所以说，语言是一门科学，更是一门艺术。我愿意为教师这一神圣的职责而努力学习和实践，从而不断提高自己的语言艺术，更好地为学生服务，更好地完成教育教学任务，在履行教师职责的同时，实现个人的人生价值。

从沟通的角度看教育效能，在学校教育中，学生往往是先喜欢老师，再喜欢老师所提供的教育。

学生很注重对老师的感觉是"喜欢"还是"不喜欢"，然后再决定对老师的教育是"接受"还是"不接受"。

如果老师伤害了学生的自尊和感情，学生与老师的人际关系必然僵化。那么，无论老师多么用心良苦，学生也不会接受了，并从内心对老师产生很大的抵触感。

当学生喜欢一个老师后，对这个老师所给予的教育会产生很大的接纳感，会带着愉悦的情绪来理解老师的语言，接受老师的要求。

沟通是一门艺术。一次成功的沟通，就是一次成功的教育。教育的问题在很大程度上是沟通的问题。因为"通"则"不痛"，"痛"则"不通"。通过沟通，让老师走进学生的心灵世界，也让学生真正理解老师。通过沟通，才能彻底拆除妨碍情感交流的墙，才能形成良好的教育网络，才能促进教育目标的顺利实现。

二、师生沟通的要素与技巧

沟通不一定能解决一切问题，但沟通的确有助于解决问题，而且有的问题纯粹是因为没有沟通或沟通不畅造成的。学生的问题不是固有的，不要放弃每一个希望，及时沟通并解决问题。

（一）师生沟通要遵循的原则

1. 有趣原则：语言诙谐，表述风趣，态度和蔼。

2. 有据原则：分析可信，举例无疑，引证确凿。

3. 有数原则：区别对象，明确目的，预期效果。

4. 有度原则：掌握时机，恰当表述，控制情绪。

5. 有心原则：处理灵活，善于思考，达到预期。

（二）师生沟通要遵循的技巧

1. 沟通要有技巧：丑话要说在前面，好话一定要说两遍，满话不能说（表扬和批评），闲话要经常说，狠话掂量着说。

2. 教师沟通要注意：首先注意语言的作用与影响；其次要注意避免拒绝性、排斥性的谈话；最后能控制和管理自己的情绪。教育实在是个难题，轻重拿捏，分寸掌握；教育是一门艺术，是一门要付出真情的艺术。所以说，换位思考很重要！

那么，教师沟通最忌讳的是什么呢？在说的方式上，①忌辱骂责备；②忌道德说教；③忌命令指使；④忌训诫指责；⑤忌嘲讽轻视；⑥忌威胁利诱；⑦忌消极预测；⑧忌苛责逼迫。

3. 沟通有技巧，听也要有艺术。学生说话时，教师要注意对方说话的心境、内在含义，注意对方的感情及变化，并做出积极的反馈。

首先要积极。在倾听学生说话时，教师要注意面部表情、目光、姿态、动作等肢体语言的沟通。平和、安详、微笑、愉悦的面部表情能给人以信赖、尊重、爱护、重视等心理感应，柔和关切、充满慈爱的目光交流，微微倾向学生的姿态以及接纳、理解、善意的动作都能透露教师积极热情的态度。一般来说，积极地倾听学生说话，可以增进师生双方的信心和理解，减少误会和冲

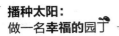

突，增加实现愿望的机会，增进师生感情。

其次要耐心。当学生说话不具体时，教师可以建议学生讲得更详细一些。学生讲完话时，教师可以亲切地问："还有其他的吗""再想想"或者"请继续说下去"。这样就会使学生的谈兴更浓，把更多的想法和消息真真切切地告诉老师。

最后要心诚。教师听学生说话时，回馈要具体、明确，并经常交换回答方式，比如"是的""嗯""很好""请继续"等。在回答时，最好不要对学生所说的话进行直接评论或否定，而应用心去体会对方的感情，真诚地理解对方，并适当地用一些描述性语言作为回应，如"我理解你的想法""我支持你的做法"等。

4. 沟通时提问的技巧。在师生沟通中，教师通常处于引发谈话或讨论的位置。因此，通过直接提问题来引导学生表达和引发讨论是非常必要的，这样能使学生根据教师的要求厘清思路，表达所感、所想。在课堂教学、集体或个别的教育谈话中，教师常常会采用提问方式。而提问技巧的使用，将有助于提高引导的效果。

（1）多用"什么""怎么样"，少用"为什么"。在提问中，常用的疑问词有"什么""怎么样""为什么"。

在人际交流、协商、有教师指导和纪律约束的场合，当事情没有向人们期望的方向发展时，我们就会情不自禁地问："为什么？你为什么这样做？你为什么迟到了？你为什么恼火？"当用"为什么"提问时，总是涉及当事人的动机，或分析他的行为意图。而有时学生对自己的行为动机并不清楚，或难以马上清晰地表达出来，就会沉默。而且，在"为什么"这种问题的后面，往往带有很强的谴责语气，如"天哪，为什么你会这样做？"，毫无疑问，这样的语气会激起被问人的罪恶感，对方会因此而拒绝回答，或因有这种感受而感到窘迫。

当以"怎么样"和"什么"提问时，给人的感觉是想要了解更多的情况，获得更多的信息。因此，如果以这种中性的方式进行提问，就会消除对被问人潜在的威胁，对方比较乐意回答。

在学校里，有时会出现学生违纪的情况，这时教师能正确使用提问方式显得尤其重要。有的教师解决这一类问题时，提问不当，常常事与愿违，双方进入对峙状态，最后以双方的不愉快而告终。善于运用提问方式的教师，带着对问题的好奇，用"发生什么事情啦"而不用"为什么"来询问事情的起因，从而把情况了解得更加清楚，也能使教师和学生双方都能有较平静的心态，气氛平和，顾及了双方的面子，学生也容易接受教师的意见。

（2）把感叹句改为疑问句。

有时，教师的问句并不是表达一种询问，而只是强调某种语气，如"你怎么能改裤脚"。

在上述这种情况下，把感叹句改为疑问句，效果会更好，如"最近你这发生了什么，导致你改裤脚了"？

一些教师习惯于以提问的方式来表达他们的要求，认为以建议的方式说话比使用祈使句显得更礼貌一些，能够使说话人避免承担把自己的意思强加在他人身上的责任。但有时效果并不一定很好。比如，"请你停止说话，好吗"这句话很可能导致对方回答"不"，而教师的本意是想说："我要求你停止说话"。如果采用直率的表达方式，如"请不要讲话"，则能够消除对方推诿的可能。

教师在处理学生的违纪事件时，不可避免地要直接表达自己真实的情感，但这样做的时候，使用陈述的方式比提问的方式要好。例如"你做这件事让我很生气"，这是一个对情感比较真实的表达，这比"你怎么敢那样做"效果要好，后者实际上是一个质问。在师生沟通中，最应避免的是暗示着批评和威胁的提问或表述，这种说法表达的是一个必须服从的命令，而不是一个需要。在教师的质问下，学生常有一种被惩罚的感受，即使不会被惩罚，学生也常常会因为这种感受而感到很窘迫。这时，被激起的学生自我防御机制容易使他拒绝教师有益的帮助。

版本一：

班主任："进来谢颢，坐下，我想跟你谈谈昨天在林老师课堂上发生的事情。"

学生："好的，老师。"

班主任："林老师告诉我，你的行为不够好。"

学生："是的，老师。"

班主任："在课堂上你跟别人聊了有半节课，不但没有做功课，而且还干扰了周围的同学？"

学生："是的，老师。"

班主任："那么，你说你该怎么办？"

学生："我不知道。"

班主任："你为什么聊天？"

学生："我不知道。"

班主任："想一想，好吧？你为什么不做功课？"

学生："我不会做，老师。"

班主任："你为什么不会做？"

学生："太难了，老师。"

班主任："为什么太难？"

学生："我不知道，老师。"

班主任："你知道的，如果你不懂，你就应该问老师。"

学生："是的，老师。"

班主任："那么，你为什么没问老师呢？"

······

版本二：

班主任："谢颢，进来，请坐下，我想跟你谈谈。因为我听到一些关于你的事情，特别是林老师和我讲的一些情况，我很担心。"

学生："好的，老师。"

班主任："林老师告诉我，昨天你在他的课堂上表现不好。"

学生："我只是在课堂上说话。"

班主任："你能告诉我事情的具体经过吗？"

学生："好的。当他进来时，我正同我的好友说着话。这时，林老师只告诫我别说话了，但他却并没有制止我的好友。"

班主任："你当时是怎么想的？"

学生："平时林老师对我就很挑剔。"

班主任："好。后来又发生了什么事？"

学生："我坐好了，我发现我没有带书。"

班主任："你将此事告诉林老师了吗？"

学生："没有，那样他的火气会更大。"

班主任："那你怎么做的？"

学生："什么也没做，我就坐在那儿。"

班主任："就坐在那儿？"

学生："我说了一会儿话。这时，坐在我后面的同学踢我的书包，于是我转身警告他。后面的事情您知道了，林老师责骂了我，之后让我离开教室。"

班主任："好的，谢颢。我可以告诉你，林老师并不是你所想象的那样老挑剔你。他今天告诉我，他认为你是一个很聪明、有很大潜力的学生，他担心你跟不上功课。他说你经常忘记带书，是这样吗？"

学生："是的，老师，我想是这样。"

班主任："那么，我们能不能采取一点办法来补救呢？"

学生："有什么办法呢？"

班主任："我们可以为你制定一个时间表，你必须严格执行，并告诉我每天的结果。你说这样做会有帮助吗？"

学生："会的，老师。"

班主任："你认为功课落得多吗？"

学生："是的，老师，上周我没来上课。你知道，只要落一点就很难赶上。"

班主任："好。我让林老师来看看你所落下的功课，我知道他很想让你赶上。当你迎头赶上时，你就不会再有什么被挑剔的问题了。"

学生："是的，老师。谢谢老师！"

班主任："你跟林老师说完后赶紧回来，我们一块儿制定一个时间表。"

学生（微笑着）："好的，谢谢老师！"

（3）适当的赞扬。

有效的赞扬具有如下特点：

情景性：不应该随便滥用赞扬，赞扬必须紧跟在良好的行为之后。

具体性：赞扬应该是针对某个特别要强化的具体行为。

可信性：赞扬应该因人、因事而异。

多样性：赞扬可以用语言和非语言的方式表达。

（4）慎重讲处罚的话语。

在一些教师看来，对于犯错误的学生，处罚是一种很有效的办法，可以让学生记住什么事情是不能做的。

但是，惩罚只教人不要做什么，却没有教人要做什么。教室里要有学习行为发生，就必须要有常规和控制。

不同的教师会采取不同的控制方法。有的教师将其意念强施于学生，以外来的压力来刺激学生，以惩罚迫使学生屈服，这使得问题行为一直存在，学生逐渐抗拒教师，甚至对教师产生敌意；有的教师所准许的课堂气氛不是基于现实生活之上，学生无法从课堂上学到生活中所需要的规则，无法体验到不遵守规则的后果，也学不到被接纳的行为是需要自律的。

值得强调的一点是，应该重视语言的作用，但又不能过分夸大语言的作用。卢梭在其名著《爱弥儿》中说："千万不要干巴巴地同年轻人讲什么道理，如果你想使他懂得你所说的道理，你就要用一种东西去标示它。应当使思想的语言通过他的心，才能为他所了解。"

总之，有效沟通是"通"彼此之"理"，"通"上下之"情"。教师和学生每天都在校园内外发生着双向、多向的交流和沟通，这就需要教育工作者在大量的实践中不断体验、感悟，不断完善沟通的艺术，运用好语言这个工具，讲究语言技巧，提升自身运用语言艺术的能力，从而增强思想政治工作的科学性、针对性和实效性，提高思想政治工作的效能。

师生有效沟通是一门艺术，除了上述内容还需要教师的肢体语言配合，达到声情并茂地感染学生的目的。

不要忘记身边学生的精彩，不要忘记经营自己的精彩。聪明的教师通过有效沟通在教室里为学生送来知识，睿智的班主任通过有效沟通在灵魂里为学生点燃智慧！

家校沟通，班主任内心格局修炼的几项技术

深圳市名班主任工作室主持人　杨大成

班主任全面负责一个班级学生的思想、品德、学习、健康和生活等工作，其工作具有一定的多元性和复杂性。在日常工作中，我们都感受到班主任工作当中的欢乐和琐碎繁杂。若是充当"老黄牛式"和"保姆式"的班级管理角色，很容易让自己被各种杂务所捆绑，进而产生职业倦怠感。班主任是一门科学，要掌握其工作规律，按规律办事，提倡巧干，不能一味地蛮干。

一、选择比较，修炼内心

快节奏的生存、工作状态大到校长、小到教师都是不容易的，如事无巨细的管理、教学市场无限延长、升学压力大、家校沟通困难等。

首先，班主任应该明白一个事实：世事我曾抗争，成败不必在我。教育的作用是有限的，要用积极的心态去面对。

积极的心态如同阳光，照到谁的身上都会感觉到温暖，而消极的心态如同月亮，初一到十五，时而缺时而圆。如果班主任的心态像月亮，那么学生的心情就会随着教师的变化而变化。

我做班主任的时候，也有过这样的困惑。魏书生说："埋怨环境不好，常常是我们自己不够优秀；埋怨别人狭隘，常常是我们自己不够豁达；埋怨天气恶劣，常常是我们抵抗力太弱；埋怨学生难教，常常是我们自己教学教法太少。"真是一语惊醒梦中人，我要怀着一颗诚心和对工作的初心，接受一些现实，降低一些理想化的苛求，幸福感总会有的。所以，要抛弃负能量，传递正能量。

27

二、管理情绪，提升情商，以逸待劳

管理班级首先要有意识地提高情商。一个人情商的高低取决于他处理事件的能力，甚至影响到他对管理、自我管理目标的实现。

三、怎样改变

提高情商，合理规划，有效走心。我认为，工作效率应建立在前期的铺垫上。

（一）改变教师，要做到以下五点

1. 写备忘录。忙起来会忘东忘西，备忘录能很好地提醒自己要做的事。

2. 做计划。有计划是提高效率的重要方法，凡事预则立，不预则废。

3. 工作部署到位，话要说透，理要讲明。要经常反思总结。

4. 尽可能抽时间阅读专业书籍，"在战斗中学会战斗"。

5. 好的精神、体魄是工作高效的保证，所以多运动是提高效率的保障；多放松，有张有弛方为有法，劳逸结合才是效率；不会生活的人是没有效率的人，所以选择自己喜欢的方式进行放松。

（二）改变班级管理模式

1. 从学生角度改变班级管理模式。在班级管理常规和班干部的培养方面注意改变，与学生走心互动。将班级责任细化，让每个人都有主人翁意识。繁杂的事务性工作是降低幸福指数的首因，所以让学生充分参与到班级事务性工作的管理中，有助于形成强有力的班级管理力量，从而增强班级的向心力。

2. 从班主任角度改变班级管理模式。在有思想的地方，才有真正的爱，才有不糊涂的爱、不虚伪的爱。

（1）班主任要提高效率。

第一，各个班主任互通有无，统一分享。教师之间分享工作、分享生活，结果是人与人之间更加和谐、更加关爱、更加有人情味。由年级长统一分工合作，分班合作、分男女生合作。

第二，分清主次，做事情时先解决紧急而又重要的任务，然后再解决不紧急、不重要的任务。

第三，把各项任务分配到各个学生，责任到人，班主任只需监督学生是否完成工作，对学生实现自主管理、自主帮扶进行方法指导。俗话说："三军易得，一将难求。"一支部队，没有一位出色将领的领导、管理，很可能是一盘散沙，缺乏战斗力，遇到困难或敌情，定将一触即溃。同样，班主任作为一个班级的"将领"，对这个班级的影响极大。一个班级的成功与否很大程度上取决于这个班级的班主任，因此班主任的管理宽度、素养极为重要。合理利用学校领导、科任教师、家长、社区资源开展专题家长或家长和学生的讲座，在现下极有必要。

（2）班主任要德才兼备。

德的内涵包括个人品质、伦理道德、政治品德；才是指才智、才干、才华等。古人说，得民心者得天下，可见领导人的德之重要性。

南宋抗金名将岳飞，以善于用兵著称。他的军队常常以少击多，以几百人打败金军几千人、几万人。金兵哀叹曰："撼山易，撼岳家军难！"岳飞治军，除了严之外，更强调"德"。部下如果生病，岳飞会亲自探望，亲自熬汤煎药；部下将领中如果有人远征，岳飞就派自己的夫人去探望他们的妻子，帮助他们解决生活上的困难；部下战死，岳飞亲自参加葬礼，凭吊死者。所以从普通士兵到将领，无不对他感恩戴德，愿意以死相报。战斗中，人人向前，从来没有怕死退缩的。义也好，恩也好，都是"德"在具体情境中的体现。

在对待下属时，岳飞把他的"恩德"做到了极致。在教育工作中，班主任如果也能这样对待学生和对待学生家庭的话，想不成功都很难。

全国模范班主任、著名教师李镇西在他的《爱心与教育》中认为，他是欠学生的，学生对老师太好了。因此，他作为教师所做的一切，都是还学生的"债"。李镇西老师抱着这样一种思想，关心学生、帮助学生，赢得了学生的爱戴。很难说李镇西班主任工作有什么高超的技巧在里面，他只是把爱学生发挥到了一个极高的水平，所以他成功了。在班级管理中，所有的技巧都抵不过爱学生，这是教育的关键，其余都是次要的。

因而，作为学校的管理者，在选择班主任的时候，在考虑"才"的同时，务必要把"德"放在首位。

我们看看汉朝名将卫青是怎么对待下属的。有个士兵的腿在战斗中受了伤，生了脓，卫青查营时看见，竟然用嘴把这个士兵腿上的脓吸出来。我们可以想象，这个士兵腿好了之后怎么在战场上拼死效命。我们做班主任工作不是

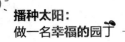

要照搬他的做法，但是这至少是一个思路。

（3）班主任也要刚柔并济。

吴子曰："夫总文武者，军之将也。兼刚柔者，兵之事也。"也就是说，文武兼备的人才能胜任军队的将领，刚柔并用的人才能统兵作战。三国时张飞之猛，很少人能敌，然而，张飞亦粗中有细，义释老将严颜就是一场经典战役。张飞虽刚，但是偶尔柔一下，亦威力无比。善于统率军队的将领，性格应该是刚强时不可摧折，柔韧时不可屈服，能屈能伸、有勇有谋。

（4）班主任还应善于激励。

古代将领在指挥作战时，为了提高士气，常常身先士卒。西汉时的昆阳大战，义军被王莽大军团团围住，刘秀突围搬来援兵之后，其将领面对旌旗蔽天、营盘连绵的王莽大军却顾虑重重，缺乏打败敌人的信心。刘秀除了用言语开导他们之外，更是亲自率领千余骑当先锋，冲入敌阵，接连杀死敌人数十名。将士们见此情景，精神抖擞，奋勇冲杀，把敌人打得落花流水，取得杀敌近千人的首战胜利。刘秀在这场战斗中的冲锋陷阵起了至关重要的作用。在我们国家也流传着这样一段顺口溜："村看村，户看户，群众看党员，党员看干部。"这说明领导者的一言一行都备受群众关注，也必将对群众产生极大的影响。班主任自身的行为往往是对学生无声的激励。

（5）班主任的工作不仅需要言教，更需要身教。

有些班级卫生工作不好，班主任带头拿起扫帚做值日工作，这样坚持一段时间之后，班级学生自然被带动起来。班主任在此基础上再辅之以一定的制度管理，卫生状况自然大为改观。学生组织的活动，也特别希望教师的参与，如果教师能和学生一起打球、一起搞联欢，甚至一起表演节目，教师在学生心目中的地位一定有一个大的提升，对学生的影响力也一定会增强。

（6）班主任遇事还需要沉着冷静。

沉着冷静、遇事不慌是为将者必备的素质。君不见诸葛亮在面对司马懿几十万大军时，大摆空城计，他本人则在城楼上悠闲地弹琴，司马懿仔细听了一会儿，感觉到琴声丝毫不乱，诸葛亮心静如水，断定城中必有埋伏，于是下令撤军。生死关头，诸葛亮的意志多么坚强，心理素质多么过硬啊！

教师尤其是班主任也应如此。学校里每天发生的事情很多，也经常会有一些突然的事件发生。在突发事件来临时，全班同学可能都在关注班主任怎么处理。此时要求班主任要沉着冷静，切忌冲动冒进，避免因处理不当在学生心中失去威信。即使在情况非常不利的情况下，班主任的镇定自若会使全班同学的情绪稳定下来，从而不会引起大家的慌乱，有助于事情最终圆满解决。

（7）班主任还要善于识人和用人。

古时由于选帅不当导致打败仗的例子有很多，比如纸上谈兵的赵括。长平一战，几十万大军全军覆没。班级管理同样如此，一个好的班长以及好的班委集体对班级建设影响甚大。班主任如果能选择比较得力的学生担任适当的班级职务，发挥每一个人的长处，就会达到事半功倍的效果。

班主任的识人还体现在对于不同的学生要采用不同的教育方法，这便是因材施教。2000多年前的孔子便是实践这一思想的典范。孔子的弟子子路，有一次请教孔子，知道一件事是对的就应该立刻去做吗？孔子劝告他，让他先去问问他的父亲和哥哥，如果他们都赞成，那么才可以去做。不久，冉有又问孔子同样的问题，孔子鼓励他，让他去做。公西华目睹了这个过程，于是求教孔子同样的一件事为何因人而异。孔子解释说，子路性情鲁莽，做事冲动，让他同父兄商量，这样才会更谨慎；冉有性格懦弱，做事拿不定主意，此事必是思考良久，下了很大的决心才提出来，所有鼓励他去做。公西华豁然开朗，心悦诚服而去。所以，我们对待不同的学生也要采取不同的方法，这是班主任的必备素质之一。

正如李镇西老师的理念一样——幸福比优秀更重要。其实于人的一生来说，幸福真的比优秀更重要。我们通过管理情绪、修炼内心、提高情商、以逸待劳，去开展师德的五项修炼。做幸福班主任最关键的是要知道我们的幸福感从何而来。幸福感来自心态，幸福的心态就会带来幸福的生活。

有效沟通，走心德育是爱的力量

深圳市盐田区外国语学校　杨大成

伟大的教育家陶行知先生曾经说："没有爱就没有教育。"在担任班主任的几年工作中，我总结出几点经验。

"理解万岁！"人与人之间的相互理解，往往是形成共识的基础。而教师对学生的理解，就更具有不同寻常的意义。作为班主任，要理解学生的思想实际、心理实际和生活实际。班级德育工作的开展，学生德育素质的提高，必须遵守"一切从实际出发"这一基本原则。

首先，要尊重学生，就是充分尊重学生的意见和要求，尊重学生的人格，平等对待每一位学生。现在的学生由于大多是独生子女，所以把人格看得尤为重要，尊重学生的人格是班主任开展德育工作的前提。

作为一名班主任、一名教师，即使学生犯了错误，在进行批评教育时也应尊重学生的人格，谆谆教导，才能取得教育的效果。一味地训斥，只能使学生产生逆反心理。更不能用挖苦、讽刺的话语伤学生的心。教师对学生尊重，会使师生关系更为融洽。

其次，教师要有爱心，从爱心出发是对学生进行教育的基础。教师爱学生是必要的，也是必需的。但在爱的基础上要管教，不要把学生当作宠物，只求他听话，其余随他去。管要讲原则，严而有爱。班主任要关心爱护每一个学生，使学生感受到班主任的批评教育是"恨铁不成钢"，是真心希望学生个个都能健康成长，真心希望学生个个都能成才。教师有爱心，学生才能更加爱教师。师生感情不断加深，才能充分发挥情感教育的作用。如果班主任对学生的爱心还不够，那么就得去培养自己的爱心。当班主任不要只看到烦琐的日常事务，还要看到教室里几十个活泼的年轻生命。班主任这个学校里的"家长"还必须要赢得学生家长的支持和协助。但也有少数家长，每次接到班主任的电话、邀请，都绷紧神经，戒备重重。如果班主任能抽出一点时间，做一次家访，给家长捎去孩子最近在学校做了些什么好事，微不足道的也无妨，这样不仅能溶解家庭和学校之间的"冰墙"，还能形成教育孩子的合力，收到意想不到的效果。

每到期中、期末家长会的光荣榜上多列表扬细目表，多表扬学生。试问，谁不盼望别人赞扬？谁不喜欢亲近赞扬自己的人？如果班里的多数学生都因此亲近、尊敬班主任，这样的班怎会带不好？当然，德育工作有时也要用到处罚的方法。不少人认为，德育工作中只要有处罚，师生关系就必然处理不好。其实不然，只要公平公正，罚得有分寸；只要尊重学生，不侮辱他们的人格，学生就能感受到班主任的爱。当然，班主任还必须要讲道理，不管是处罚前还是处罚后，都一定要把道理说清楚。学生嘴里不说，但他是会知道班主任的爱的，这样师生间就会互相信任，误会减少，感情加深。由于师生关系好，班里的气氛也会随之好起来，学得愉快，教得也愉快。

量化管理原来是经济管理中的一种方法，用来提高学生的德育素质，其可行性和可操作性也是很强的。叶圣陶说："无论是改掉学生身上哪一个坏习惯，在一开始都要以一定的压力来强制。"量化管理就是在民主的基础上产生的一种强化的措施。从心理学角度分析，青少年具有一定的独立性和自制力，他们不仅是教育的客体，也是认识的主体，已具备一定的控制和调节自己行为的能力。因此量化管理，又是提高学生自我管理和教育能力的方法。

量化管理是以学生的自我管理和教育为出发点，以《中学生守则》和中学生日常行为规范为基础，从整体着眼，从细处着手，培养学生良好的行为习惯，以达到开展班级德育工作、提高学生德育素质的最终目的。例如，《中学生守则》要求学生做到不迟到、不早退，班级要通过点名、登记、相应的处罚，培养学生遵守时间。又如，乱扔纸屑果皮的问题，班级有检查、罚扫地等管理制度，来克服学生不注意环境卫生的不良习惯，促使学生养成讲卫生的好习惯。

开学第一天，我就向学生宣布诸如此类简单合理且可行的班级规章制度，并要切实执行，要让学生切切实实地感受到班主任是个言出必行的人。教室里的"春天"要基于对原则的坚持，而非退让。如果发现制定的规章制度过于苛刻，可以修改甚至废除，但一切都要经过讨论和解释，且公开进行。要让学生知道班主任的意图，他们才肯合作，才会自觉守纪律。当然，德育工作除了学校、班级，还要家庭、社会等方面一起来实现量化管理，才可以取得更理想的效果。

中学生的学习、生活有很多时间是在学校里度过的，班级即是学生的一个大家庭。学习环境包括教室环境和思想环境。营造良好的学习环境，对提高学生的德育素质也能起到一定的作用。教室环境中可布置几张班级集体照、学生专刊等，让学生一进教室就感受到集体的温暖。像今年，我们班的学生还自发地在教室里养了金鱼和十来盆花草，让人觉得很温馨。在学生的眼里，教室就是家。良好的环境促使良好班风的养成，使学生在潜移默化的外部环境影响下积极向上。特别值得一提的是，良好的环境促进了后进生的转化，从而有效提高学生的德育素质。

管理班级要培养学生竞争意识和竞争心理。市场经济的一个重要特征就是竞争。如何培养学生的竞争意识和竞争心理，也是一个不容忽视的课题。为了增强学生的竞争意识，我班组成若干个学习小组、互帮小组，各小组进行评比，如设立"学习擂台""一帮一""争夺流动红旗"等。使同学们展开友好的竞争（这里我想说明，"竞争"必须是"明争"，绝非"暗斗"），从个人到小组，从小组到大组，再从大组到全班，进行竞争。好的同学之间开展竞争，中等同学之间开展竞争，较差的同学也不愿落后，使比、学、赶、帮在班级蔚然成风。实际上，每个学生都愿意向上，都愿意成为一个好学生。有竞争就可以不断产生动力，就能激励每个学生不断取得进步，最终促进学生的德育素质不断提高。

班主任想要做好德育工作，就要以学生为主体，使之获得主动的发展。由此才能形成从自发到自觉、自律、自强、进取的班风，才能使学生在积累知识的同时挖掘潜能，全方位提高素质。

第三章

家校有效沟通积极参与班级文化建设

班主任与学生沟通
班级文化建设技巧的三个层次

深圳市盐田区外国语学校　杨大成

深圳在改革开放的春风中诞生，深圳人是唱着"春天的故事"快乐地生活的。感念深圳是一座极具爱心的城市，我发自内心地感谢深圳给了我这么大的舞台，让我能有机会向诸位领导和专家汇报关于我在班主任管理工作方面的情况。但是说句心里话，面对诸位领导和专家，我的内心真的特别忐忑，现在用一句话形容我此时此刻的心情，那就是"战战兢兢、汗不敢出"。

在座的每一位都是教育专家，都拥有最强大脑，所以我只能浅谈我的班主任心路历程，在各位教育大师面前摆弄一下我的"小斧头"。

我从实战角度浅谈我这23年班主任工作的心路历程，讲得不对的地方请诸位领导和专家海涵并指正。

回首管理历程，我的班主任管理能力的成长经历了三个层次。

第一，咬定青山不放松，每日操劳难形容——亲力亲为，包办操劳。

第二，正入班干圈子里，偷得浮生半日闲——轮流坐庄，观景起舞。

第三，海到尽头天作岸，山登绝顶我为峰——制度文化，自信建设。

第一阶段：咬定青山不放松，每日操劳难形容——亲力亲为，包办操劳

第一个阶段是我刚做班主任几年里的工作原则。

网上有个段子：没规划的人生叫拼图，有规划的人生叫蓝图；没目标的人

生叫流浪，有目标的人生叫航行！你看，蜜蜂忙碌一天，人见人爱；蚊子整日奔波，人人喊打！所以，多忙不重要，忙什么才重要，紧跟学校的领导步伐去忙才是真爱。听党的话，紧跟领导的管理思想走才是王道。

我的工作是在完成学校要求的时候，跟得紧、管得严、抓得细，几乎是全天候跟踪服务。在管理中，班级特点表现为一抓就有效果，一管就略有成效，虽然偶尔会有反复的现象出现。在日常管理中，我总结出以下七种班主任管理工作心得：

1. 善于发挥真爱的力量。

请记住这样的名言："学生并不在乎你知道多少，让他们感受到你的真爱。"可以利用课前课后的时间，发自内心多和学生交流，显示出对他们的生活真正感兴趣。"促膝交心""赞许的目光""赞同的掌声"等，就是班主任在师生关系上的真爱，学生就会为了这份"真爱"而"亲其师，信其道"。

2. 在纪律、学习和卫生方面的管理中，要和学生把道理讲清、讲透。

有的教师习惯于要求学生不做什么，而很少考虑要求学生做什么。这种负面的要求方式往往管理效率不高，所以更要和学生讲清、讲透为什么这样要求，做到了会给学生带来哪些好处。

3. 管理规则并不是越多越好，关键在于执行力到位与否。

李大钊说的"不驰于空想，不骛于虚声"就是这个道理。班主任一定要言而有信，承诺是金。执行力的问题在此就不举例说明了。

4. 维护学生的自尊心，避免和学生公开对峙。

从长远来看，这种对峙不会有胜利者。如果教师和学生有不同的意见尽可能地私下交流，不要在其他学生面前批评犯错误的学生，更不要动不动就向家长告状。

5. 沉默是金，要借用沉默的力量来管理班级，不能所有的事情都过问。

无声的训斥比大声吼叫更有效果。确实，有些研究表明，从长远来看，大声训斥学生弊大于利。避免对着学生喊叫，这意味着班主任的情绪失去了控制。与学生视线接触时应保持沉默，沉默就是力量，学会有效地使用它。避免大声训斥或者羞辱学生，这样做只会导致学生憎恨班主任，使其他学生产生对违反纪律的学生的同情。

6. 赞美的力量会让泰山都动摇。

事实上，所有的学生都喜欢班主任的称赞，而班主任在称赞学生时，少不了给学生戴"高帽"。我在称赞学生时，总是注意说话坦诚得体，而且要带着一份诚挚的心意及认真的态度去褒奖他，并且要具体化，让学生乐于相信和接受。例如"你今天的黑板擦得干净得可以当镜子照了"。

7. 等闲识得学生面，"淡妆浓抹"总相宜——用"激将法"来引导学生。

在日常管理中，我发现偶尔会有个别学生总是不露声色地与班主任较劲。例如打扫卫生时，班主任越是让他快点扫，他越是磨磨蹭蹭，故意放慢节奏。再如学习的时候，班主任越是说"你要好好念书"，他越是不好好念书。

针对此类问题，经过多次观察和琢磨，我采取了激将法来教育引导学生，激发他们的积极性，调动其热情和干劲儿。

当然，运用这一方法时，班主任要冷静对待不同性格的学生，要做到具体分析、区别对待，否则会弄巧成拙。

用第一阶段的心得管理方法，我前前后后地跟着、跑着，虽然很累，但班级管理效果在现行的评价体系下，一般不会太差。即使治班效果不理想，班主任也能因为其辛勤的劳作而博得众人的理解。

后来在管理中，我逐渐悟出一个道理：这种管理往往会造成学生普遍行事小心翼翼，课桌怎样摆放、窗户该不该关、自习课做什么等诸如此类的事情都要询问老师，学生的自主意识几乎无从谈起，不会变通和创新。

于是我夜不能寐，向身边的高手班主任学习管理经验，买相关书籍，参加继续教育培训，参加各种校内外的交流活动。记得有一次，领导要求我以市级优秀班主任身份来介绍经验，当时为了《师生沟通交流的艺术》这份40分钟的讲话稿，我在短短的一周里看了6本专业书籍，删改了3次文稿。所以说，人的能动性有时候是逼出来的，因此可以看出终身学习的重要性。

第二阶段：正入班干圈子里，偷得浮生半日闲——轮流坐庄，观景起舞

为了贯彻素质教育这一宗旨，也为了自己"科学地偷懒"，我开始着手培养自己的助手，实行班干轮换制。俗话说得好："人往高处走，水往低处流。"针对这一现象，我进行了干部"头衔"变更。我在班委成员的设立上，

实行"头衔轮流转,今天到我家"的大胆创新,使每个学生都有机会能当一回"班长"或"学习委员",参与管理,体会管理者的不容易。让他们在"品尝"荣誉的同时,获得自信和成功的喜悦。"轮流坐庄"的班级管理方式收到了预期效果,我终于不用事事亲力亲为,可以"观景起舞"了。

但此时班主任要心中有数,"凡事预则立,不预则废"。对于班级工作中可能出现的事情要有所预见,如卫生问题解决办法,搞"联产承包责任制,包产到户",学习问题利用结对子等。总之,办法总比困难多。

那么问题来了,有同学同一个错误重复犯该怎么办?有些同学不愿意做班干部该怎么办?班干部治班,需要班主任真正地把决策权、执行权下放。班干部如果只是班主任的代言人,或者工作不得力,班主任也就不由自主地越位回到亲力亲为的老路上。

这就催生了我的班主任气功第三阶段。

第三阶段:海到尽头天作岸,山登绝顶我为峰——制度文化,自信建设

在此阶段我积累了如下工作方法:

1. 为有源头活水来——制度文化建设。

抓好班级的制度建设,用制度管人,用制度管事,减少管理的随意性,实现班级的科学化、规范化管理。因此,我就和学生们一道着手建立班规、班约,绘制班旗、班徽,创作班歌等一系列班级文化建设。

如初三(七)班,在对学生进行领袖素质建设和培养的同时,用高标准要求自己,以此使学生达到遵规守纪、刻苦学习的目的。

2. 黑云压城城欲摧——全员参与,全方位建立班级量化考核细则。

在学校的量化考核标准下,制定纪律、卫生、学习、荣誉、过失等方面事无巨细的考核量化办法,考核办法与免作业、将功补过、评优评先、评定中考AB等级等项目挂钩。

即做到奖惩分明,奖优罚劣、奖勤罚懒。对触犯规章制度的学生,既要坚持原则、敢于批评,又要做到"法"中有情,实行人性化管理。批评惩罚的目的是促进学生更好地成长。

有一种战斗叫忍受,有一种胜利来自煎熬!性格决定命运,态度决定生

活。做事看能力，做人看格局。我们不是神仙，一蹴而就的教育是不存在的，细心呵护引导，静待花开，才是教育的真谛。

3. 众人拾柴火焰高——家校沟通顺畅。

班级工作离不开社会、家庭的多方配合，需要各种力量共同参与，大家抱成团、握成拳，心往一处想，劲往一处使，才能让班级工作顺畅通达。

当然，班主任管理班级的"步数"还有很多，但不论用什么样的管理方式，都要注重以人为本，用心管理班级，用爱呵护学生。开展各项工作的原则要以学生为根本，符合本班实际，这样才有利于班级工作的开展。

我说过："做班主任源于我的兴趣，我愿意一辈子做班主任。更要树立终身学习的观念——路漫漫其修远兮，吾将上下而求索。"

现在的我，在管理班级的时候又多了一层功力。我意识到上述几种管理理念不是绝对的分类清晰，在实际的班主任管理工作中，我们常常会综合使用、交互运用这些理念。但是，无论怎样管理班级，班主任的管理方式一定会影响学生人格的形成。所以有人总结说："有什么样的班主任就会有什么样的学生。"这也许就是耳濡目染的结果吧。

班主任的一言一行、一举一动都可能会给学生带来终生的影响。我常常对我的学生说："深圳市盐田区外国语学校对于我来说不只是工作，还有诗和远方；你们对于我来说不只是学生，还是曾经的我。"从这点看，班主任工作绝对不是什么"流动红旗""文明班级"就可以衡量的，德不配位，必有余殃。学生心中自然有判断是非对错的一杆秤，所以班主任对学生但问真心，无问西东。

司马懿对曹操说："臣一路走来，没有敌人，看见的都是朋友和师长。"讲得真好！而我，一路走来，没有放弃，因为并肩战斗的都是为教育事业全情投入的同事。

用劳动教育促进家校沟通
和亲子沟通的班级文化建设

深圳市名班主任工作室主持人　杨大成

"劳动最光荣"是革命导师马克思就燕妮问他"世界上什么最光荣"时做出的坚定回答。

一、为什么做——劳动实践教育的目标

1.劳动最光荣吗——需要才去做的理论！

在劳动教育活动中，劳动实践价值观的培育最重要，劳动、学习两不误，不能做书呆子。

（1）总体目标需要。

2020年3月20日，中共中央、国务院印发《关于全面加强新时代大中小学劳动教育的意见》，要求充分认识新时代培养社会主义建设者和接班人对加强劳动教育的新要求。

（2）培养勤俭、奋斗、担当、自信、创新、奉献的劳动精神需要。

具备满足生存发展需要的基本劳动能力，形成良好的劳动习惯，诚实劳动，创造性劳动。

有这样一件事，班主任开展了"今天，我是父母"的主题活动，很有意思。事情源于一个学生，他告诉班主任，说他父亲每月能轻松挣到18000元。但真相并非如此，学生的父亲只是一名水泥搅拌工。班主任并没有批评这位同学，而是给全班布置作业：周末和父母或其他亲人干同样的活儿，并用日记写

出真实感受，周一全班交流。等到交流的时候，有的同学卖了一天的货，腰酸背痛；有的同学搬了一天的砖，体倦肢乏……大家都真切地感受到父母的不易。先前那位"撒谎"的同学，更是在分享时数度落泪。从男孩成长到男人，需要什么样的品性？是坦诚、是担当、是勤恳、是自信……

（3）劳动带给学生成长的需要，不仅仅是生活能力的提升，更是意志品质的磨炼。

我们希望通过跨学科项目整合去深度思考和实践，让学生进行劳动锻炼和实践体验，不仅可以提高学生的劳动技能，还可以培养学生的观察力、注意力、想象力、合作力和思维力。愿每一个学生都能成长为健康的劳动者，做到身体力行、大脑同行，在劳动过程中品味幸福。

在美国有一所特殊的学校，名叫深泉学院，学校将劳动直接写进了校训，学生平均每周要在农场进行超过20小时的劳动。要想成为深泉学院的学生，首先得问问自己身体素质行不行。

深泉学院有200多头牛，还有马、羊、猪、鸡等动物，学生们必须和校工一起放牛、耕种，并担任一项职务，包括每天清早4点起床挤奶、喂牲畜、驾驶拖拉机播种、搬木材、挖水渠、放牧牛羊、宰杀牲畜、做饭……经过两年的体质强化和体力训练，深泉毕业生们才思敏捷、活力四射，充满旺盛的精力和创造力，随时准备着用他们超凡的能力和不俗的信念去服务人类、改变世界。

（4）服务于社会证明自我需要。

劳动无贵贱，劳动最光荣。不管是脑力劳动，还是体力劳动，复杂也好，简单也罢，只要劳动者是在服务社会，为社会创造价值，那么这种劳动就是光荣的。从雷锋到袁隆平、从南仁东到潘路明，作为劳动者，他们的劳动内容有着天壤之别，但他们同样伟大而光荣。所以，我们劳动实践活动的新风要启、班风要立、校风要行、家风要传！

其实，学生是热爱劳动的，学业负担重、家长溺爱孩子、没有榜样等，是目前学生少劳动或不劳动的原因。提倡劳动教育，不仅仅是针对学生，更重要的是引起全社会的共鸣。

2. 学校实施劳动的目的需要打造劳动最光荣3.0版本。

劳动最光荣1.0版本：朴素式佛系精神，学生放羊自生自灭CPU系统。

劳动最光荣2.0版本：驱动式义务精神，教师家长单一督促CPU系统。

劳动最光荣3.0版本：项目式劳动精神，多位一体共鸣协作CPU系统。

劳动实践教育目前"在学校中被弱化，在家庭中被软化，在社会中被淡化"，此言非虚。

对于"劳动最光荣3.0版本：项目式劳动精神，微缩版学校管理模式来管理班级。协调学生、家长、班主任、科任教师，班级、学校、社区等共情协作，多位一体共鸣协作CPU系统"，在家洗碗扫地、在校保洁绿化、校外职业体验，这些不仅有助于改变学生"四体不勤"的状况，提高基本动手技能和独立生活能力，也能让学生磨炼意志品格。更重要的是，把"有字的书"和"无字的书"联系起来，把教室"小课堂"和社会"大课堂"贯通起来，把解作业本上的题和解决实际问题融合起来，把理论知识学习与劳动实践结合起来，激发学生宝贵的创新精神和探究能力。

北京师范大学天津附属中学学生张星罡，通过云上课堂学习了劳动教育拓展课程《地球上的水》后，利用饮料瓶、塑料管等材料，设计制作了一个简易净水器。张星罡的动手能力和创新习惯与学校的劳动课程创新密切关联。

以课程为魂，以课堂为本，以活动为根，以劳动实践基地建设为基，四位一体，注重实效，强化实践，实现知行合一，促进学生形成正确的世界观、人生观、价值观。让中国制造变成中国"智"造和中国创造，使每一位学生心中都拥有大国工匠精神。

二、为什么难做——学校实施劳动困难有以下几种原因

1.家长、教师、学生表面重视，但浅尝辄止，难以入脑入心。

家长甚至科任教师不清楚文化课程时间安排和劳动技能课程的关系是否冲突；学生没有劳动观念，甚至没有劳动技能，无法发自内心地实施劳动实践。

2.家长、教师、学生认为教学与劳动相冲突，深入开展困难多。

所以，班主任要有调研意识，建立劳动基地还要就地取材，协调学生、家长、班主任、科任教师，班级、学校、社区等共情协作，完善新劳动实践课程。统一学生、家长、科任教师的思想，学习和劳动的关系不但不冲突，还有利于提升学生的身体素质。

3.学生劳动兴趣缺失和技能欠缺。

每次升旗仪式的时候都会发现，不少班级的学生会有晕倒的、站不稳的、

蹲下的、浑身冒虚汗的；体育课上随时随地会有"伤员"出现。这些都是学生缺乏提升体能训练的表现。

4. 更为重要的原因是，由于劳动教育与考试关系不大，学校、家庭重视程度不够。

教育要教研，熟悉的地方也有风景；学校要志远，长远的眼光看成责任；班主任和科任教师教研要求真，将劳动课程建设与选拔功能融合成提升学生素质和实现五育全面教育的根本。

基于以上原因的解决办法是跨学科项目式整合，深度思考和实践，做有意义、有用、有趣的项目式劳动课程，打造劳动最光荣3.0版本，有劳动基地，有劳动探究方案，有劳动分享通道，有劳动探究创新展示和表彰方案等。

学生、教师、家长、管理者都在突破舒适区。很多领导对我校的界定是高位运行，所以全方位突破舒适区势在必行。谢学宁校长有句话践行了这一点："要突破舒适区就要先向下潜沉，方能向上飞扬，执着地前进就是榜样的力量。不怕有问题，问题是反馈渠道，问题是突破口，是进取的阶梯！谁对谁错，实践说了算。"

5. 家长溺爱。

在一些大城市，许多孩子生活在"421"（4位老人，2位父母，1个孩子）的家庭结构中，家庭劳动基本被长辈包办，他们认为孩子学习压力大，不会劳动、不愿劳动成为普遍现象。

劳动教育单靠学校是无法实现的。但现在部分家长只关心孩子的学习成绩，对孩子理应完成的家务劳动习惯性包办代替，存在"学校教完，回家变回原形"的情况。

6. 另外，实施劳动教育的社会氛围不足。

三、如何做——真正落实劳动的科学方法

1. 初中生"项目式非常6+1"劳动教育的实践研究。

学校打造劳动最光荣3.0版本"非常6+1"劳动学堂，是以微缩版学校管理模式来管理班级，是新劳动教育实践提升学生品格系列实践课程。

（1）颁发"土地证"，种好每户"义务劳动责任田"。

跨学科项目整合，深度思考和实践，培养学生的观察力、注意力、想象

力、合作力和思维力。愿每一个学生都能成长为健康的劳动者，做到身体力行、大脑同行。

教师要有主导意识，劳动前教育必须有明确的目标，在劳动中树德、增智、健体、育美是我们对"新劳动教育"目标的理解。更具体一些，家长和教师的专业示范与学生体验尤为重要。

（2）开好劳动理论课，学好一门劳动技术兴趣课。

学校组织各年级成立了"校园劳动合作社"，引导学生参与保洁、种植、食堂执勤、班务整理等校园实践，在合作社区中实现自我管理、合作交流。在每周的家政、烹饪、手工、园艺、非物质文化遗产等"俱乐部课程"中，与同伴合作共成长。

（3）创建好校园劳动实践基地，生成一份校园服务基地作业清单。

用劳动共创班级管理，打造闯关式劳动实践群。学生自制劳动岗位与竞聘机制，每学期开学初，教师在班会课上让学生一起绘制劳动岗位的图谱，共同讨论班级岗位。学生在上任前要有仪式感，要入职宣誓；自制卫生部管理公约；利用劳动实践基地资源开设劳动自选超市，充分利用各个场域中的劳动课程，给学生提供相应的劳动学习支架。

（4）学校可以广泛地邀请社区、家庭等有限资源，厘清一份家庭合作互助劳动任务单。

（5）通过脑力和体力的劳动体验，每周一次分享会，分享"劳动最光荣"的感悟。

（6）鼓励并激励每一位师生参与一次学校劳动硕果展示节。

6+1：通过体力的劳动体验，进行脑力的综合整理，写写探究运用所学文化知识走心劳动的发展与收获。

生活即教育，教育即生活。学生在真实的生活场景中，学会与人合作、交流和分享。给学生提供适当参与劳动的机会，不仅能让他们获得劳动的教育，还能养成爱劳动的习惯，提高动手实践能力。真实的劳动不但提升了学生的生活经验，激发了学生创造和想象的能源，而且给了学生不一样的心灵感受，体验到生活中的"趣"和"乐"。

2.具体实施细则。

核心理念是将学生、家长、班主任、科任教师、班级、学校、社区等共情

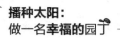

协作，共同打造初中生"项目式非常6+1"劳动教育。

（1）设立劳动教育工作团队。思想动员，端正态度，正确理解劳技课教学基本要求和特点及原则。

（2）创建劳动教育实践课程。

在实践前开动员班会课，激趣导入。教师要注意激发学生的学习兴趣，营造积极的学习氛围。做好技术操作示范和讲解，是劳动技术课的一项重要任务。完成好这一教学任务，教师的操作示范至关重要。要求教师的示范动作要规范、娴熟，步骤要清晰、明了；要注意面向全体学生，有些动作可以夸张、放大一些，尽量让学生看清楚。因受教学内容限制，有的动作不方便演示清楚，可选用电化教学的手段进行演示。

（3）做好合理分工和与文化课的整合，开展跨学科项目整合，深度思考和实践。

从学生的实际出发，量力而行。劳动技术教育受学生身心发展水平的制约，教师要根据学生不同的年龄、性别、认知水平和能力，选择学生力所能及的项目和内容进行劳动实践。

把握劳动教育基本内涵，打造劳动教育课程体系。学校日常教学采用"必修+选修"日常劳动课程形式，开展个人居家生活劳动、日常家务劳动、庭台农植生产劳动、居家手工创作劳动等知识教育。

知识类、方法类和习惯培养类课程在日常综合劳动技能理论课中开展教学，动手实践类、手工创造类等课程与美术、物理、生物等科目结合开展，日常家庭家务类课程通过家校合作开展教学。

充分利用校园环境和班级环境的卫生清扫机会，抓住打理植物、清扫落叶等季节性特殊劳动机会，建立校园内劳动实践课堂，打造全面完善的课程实践体系。

（4）开展班级特色品牌创意活动。

结合学校现有教学环节与活动，融入劳动教育要素，让劳动教育渗透至学校常规教育教学工作。

针对学生开展"一课教师体验""一日班主任体验"等主题体验活动，以学校分担区概念为重要展示平台，让学生通过换位了解教师职业，促进师生互相理解沟通，在体验职业劳动的同时，促进学生提升学习兴趣。

积极开发社会资源，加强家校合作。开展家长职业分享专题会，以每周班会和团（队）会为平台，家长分享职业体验与心得，让学生了解社会各种职业技能知识，同时体会父母工作不易，对父母产生感恩之情，学会尊重父母的职业，进一步拓展到尊重不同的社会职业。

开展"寻找最美校园人"活动，让学生从身边开始，寻找校园中校医、保安、保洁最美的工作瞬间。逐步开展同主题系列活动，在社会中继续寻找劳动者之美，让学生学会尊重每一位普通的劳动者，进而发自内心地热爱劳动。

四、如何评价——建立劳动教育评价体系

班级评价总原则：制定《劳动课实践教学评价方案》，要与德育量化、评优评先、实践劳动时长挂钩，实施以加分为主，罚分为辅的评价原则。

注重成果评价，引入竞赛机制，调动学生学习的积极性，培养自信、自强、团结协作的品质。劳动教育评价要注重坚持基本原则，充分发挥劳动教育评价的作用，展示学生的劳动技术成果，促进学生创新品质形成和创新能力发展。劳动教育评价时既要注重过程记录，也要注重结果展示，还需要特殊注意情感和态度评估。

评估时要关注个体内差异，以鼓励为主，帮助学生树立自信心、自尊心和自豪感，正向积极引导，提升学生的劳动精神面貌、劳动价值取向和劳动技能水平。

由德育处、年级组共同记录评价，通过视频、图片和文字全面记录学生劳动过程与感想，形成劳动日记、劳动心得等多样评价展示材料。注重多学科合作评价，定期评选劳动榜样，开展劳动实践成果展和劳动专题竞赛，多角度展示学生劳动收获与成果，逐步建立公示、审核制度。

全面客观记录学生课内外劳动过程和结果，把劳动素养评价结果作为衡量学生全面发展情况的重要内容，作为评优评先的重要参考之一。

学校还以专题网页、微信公众号等方式，建立劳动资源和劳动成果的展示、交流、分享、互评机制。

将学生的学习过程转化为丰富的学习资源，引导学生在劳动中发现快乐，在劳动中学会合作和表达，在劳动中欣赏他人的成长，成为"快乐小农民""劳动小创客""公益劳动志愿者""家庭劳动小能手""创意劳动艺

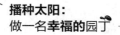
术家"。

总之，我们以项目学习的方式，通过任务驱动、情境探究、实践检验、协作分享等方式，引导学生主动实践，合作制订活动方案，记录过程，交流感想，把观察、阅读、数据采集、资料检索、研究设计、作品创制、劳动作业、沟通协作、问题解决、创新创造等融为一体，并在提出问题和解决问题的过程中体悟劳动的价值，培养核心素养。

五、格局和态度是关键

劳动教育被赋予新的时代内涵。日本教育家小原国芳说："劳动教育，应该培养孩子成为大胆而又小心、开朗而又恬静、快活而又谦恭、温和而又强悍、善于用功而又善于玩耍的人。这样的人，他既能挑粪桶又能弹钢琴，既能大扫除又能做插花，既能缝抹布也能裁绸缎，既能掏臭水沟又能奏交响乐，既能劈柴又能画画，既能打算盘又能翻经卷，既能写论文又能养肥猪，既能西装革履出席新品发布会，又能穿工作服在田间割草。"学校的新劳动实践教育，是该做系统思考了。

祝所有社区、学校、教师和家长精心设计的劳动课程，能够让学生眼前一亮、踊跃参与、积极回应，从中获得面对困难的勇气，拥有穿越风雨、冲破黑暗的力量。祝所有用心引导的思想启蒙能够让学生心中一颤、通透澄明、全面成长，建立与天地间的心灵交换，激发他们创造未来的全部可能。

第四章

家校有效沟通解决学生
青春期和叛逆期的问题

亲子和谐相处与有效沟通

深圳市名班主任工作室主持人　杨大成

亲子相处中的情绪问题与有效沟通方式是什么？怎样与孩子和谐相处和有效沟通？这是很多家长和班主任心中困惑的问题。

有效沟通中的最大问题是情绪把握的问题，也就是父母放弃了对孩子想法的倾听。例如，在孩子多次逃学的时候，父母并没有和孩子好好地聊聊，没有倾听过孩子为什么这样做，主观上认为是孩子偷懒，拒绝与孩子的沟通。

父母是孩子的第一任老师，家庭是孩子的永久港湾。在生活中，我们常常听到家长对孩子说："快回家吧，要不妈妈生气了！""你再不好好吃饭，奶奶生气了！"等。大人似乎认为，只要让孩子意识到家长生气了，就会乖乖听话。

事实上，家长总是对孩子说"我生气了"，就是企图用自己的情绪操控孩子，很容易影响孩子的心理健康。遇到问题家长先保持冷静，别用大人的理念分析孩子的行为。

即使觉得很生气也要先压住火气，仔细想想孩子哭闹是不是有他的原因，用轻柔的语气询问他：是不是病了、累了，还是受欺负了，了解情况之后再抚慰孩子，在平复孩子心情的同时，爸爸妈妈的火气也就慢慢消退了。

那么，有效沟通的规则从哪里来呢？我认为，规则的意义就是维护双方的感受。教育到最后拼的都是父母的态度。不怕孩子身上有问题，怕的是父母把错误全归到孩子身上。聪明的父母懂得从孩子身上发现自身教育方式方法的不足。比如，孩子上完网课之后不愿意做作业，想玩20分钟，这时候该怎么做？这时就会出现两种派别的管理者——强硬派和延时满足派。

一、通过有效沟通让孩子喜欢做作业

我认为，用增强家长与孩子沟通的技巧来有效沟通，方能达到真正地让学生认真完成作业的目的。

首先是让孩子集中注意力，全神贯注地聆听父母的讲话。然后父母也要认真地关注孩子的诉求，认真倾听孩子的讲话，并且鼓励孩子说出他的感受。比如，孩子很想去邻居家玩，但邻居家没有人。这时候父母可以说出自己的感受："你很想到邻居家玩，可是他们不在家，你很失望，对吗？"晚上孩子不想睡觉时家长说："你玩得正高兴，还不觉得困，是吗？"这是用共情的方式，让孩子觉得父母是理解他的。在这种情况下，正确引导他们达到父母所希望的要求，就容易实现多了。

现在家庭或学校，在管理学生方面流行着赏识教育或者正面管教教育，这都没有问题。问题是，不管是赏识教育、正面管教，还是其他的一些管教方法，归根结底都是要有个正确的态度。正确的态度不是父母从自己的角度劝说，这种方法不是解决孩子本身要解决的问题，而是解决父母要解决的问题。所以要先共情，再共鸣，在有效沟通之后再寻找解决办法，做到晓之以理、动之以情，然后才能导之以行。

二、让孩子开心地和手机说再见

据科学分析，孩子对手机的依赖基于社交依赖、游戏依赖、娱乐型依赖等。这是因为手机可以让孩子得到快乐的及时反馈，这种反馈是平时在家庭中不经常感受到的，孩子需要这种及时反馈的成就感。有本书中说："任何好的习惯都是延时反馈，任何坏的习惯都是及时反馈。"所以说，好的习惯很难养成，但是坏的习惯却很容易养成，并且很难戒除。父母要从根本上改变孩子，就需要弄懂孩子依赖手机的根本原因是什么。

那么，孩子爱玩手机到底是什么原因呢？

首先，是因为孩子可以获得短暂的轻松和自由。在学校里，面对老师的监督，孩子没有自由；回到家中，父母更加不理解孩子，说话都是在谈论学习。

其次，孩子可以通过手机发泄情绪。生活中面对来自父母的压力、老师的批评，孩子只能通过和小伙伴们聊天来倾诉自己的不快，手机对孩子来说也是

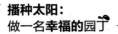

一个解压工具。

最后，孩子通过玩游戏可以获得成就感。在学校，甚至在家庭中，孩子都不能经常有成就感。

基于以上三种原因，班主任可以和家长进行有效沟通，督促家长为孩子制定管控自己的条例，让孩子学会控制自己，提高自我管理的能力。制定智能手机使用协议，家长要以身作则，给孩子树立榜样，让孩子感受生命的意义。

我在惠州党校的一个朋友就有一个很好的做法。他们夫妻经常陪孩子旅游，在旅程中让孩子口述作文、锻炼身体、倾听音乐等，用这种方式来分散孩子对手机的注意力，有意识地和孩子建立亲密关系，帮助孩子树立远大的理想。

在陪伴孩子的过程中，也有意识地促使孩子提高自己的时间管理能力。时间管理表，可以帮助孩子提高时间管理能力，上面写着每天的计划，什么时间做什么事情。计划中要设有孩子喜欢的娱乐，还有学习的时间、和孩子一起阅读的时间。父母看到孩子的变化也一定要表扬和认可孩子，增加孩子的成就感。

那么，有的教师或家长会问，到底怎样做才能达到亲子有效沟通与和谐相处呢？

三、持证上岗是亲子有效沟通与和谐相处的前提

从本质上讲，不存在有问题的孩子，只存在有问题的家长，因为家长并没有持证上岗与孩子进行有效沟通。

与孩子有效沟通存在两种误区，既不关注孩子获得认同感和归属感，也不关注孩子的情绪和诉求。我们要了解孩子渴望获得的是价值感、认同感、归属感，所以不能习惯性地无的放矢、唠叨、批评指责和空洞的说教，要关注孩子的情绪和诉求。我常常和工作室的教师们说，要对家长传达出这样一个理念：像对待领导和同事那样对待孩子，这样坚持下来，和孩子之间没有任何解决不了的问题。

那么，如何与孩子进行高品质的有效沟通呢？沟通原则是讲究前奏的，先言其他，创设平等温馨的共情画面之后再奔主题，千万不要站在孩子的对立面。要特别注意的是，有效沟通先讲究情绪位置原则，把握好自己的情绪，说

话前先注意语气、语调。在沟通的时候，与孩子的座位坐法也是有讲究的，最好不要中间隔着桌子，可以并排坐在沙发上，让孩子意识到你们之间是平等的。当对方有情绪时，先不要急着谈，进行冷处理，再沟通，效果更好。

作为教师和家长，要学会多引导、少指导，多疏导、少监管。家长和教师要成为有趣的陪伴者。广东省家庭教育指导中心李季教授讲："家校有效沟通是家庭教育的聚焦点、家校共育的关注点、家校指导的着力点。身体可以野蛮成长，但心理成长不能，只能文明成长。良好的家庭教养和自我修养是儿童心理健康、文明成长必经之路。辅导教师不做救火队员，不是教他怎么做，而是帮助他，共情之后进行有效沟通，共渡难关。"

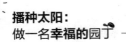

我爱班级"隐形人"

——有效沟通，走心德育

深圳市名班主任工作室主持人　杨大成

　　班级中有这么一群学生，他们学习成绩不出色，在其他方面也显不出过人之处，在班级中总是默默无闻，活动也不积极参加，当然也不会惹是生非。

　　教师们不太关注他们，因为尽管他们学习不好，但在课堂上却不捣乱，不会影响课堂纪律，所以他们仿佛处在被教师关注的目光遗忘的角落，就好像"隐形人"一样。

　　同学们对他们也不重视，什么事好像有他们也行，没有他们也感觉不到缺什么。

　　这些学生，因为学习一般，又没有其他特别出色的地方，所以他们往往有些自卑。平日里躲进自己的心灵小屋，有时带着渴望，望一望教师关注的天地，希望教师们的目光能洒在他们身上，然后又失望地收回目光，像蜗牛一样又缩进自己的小窝。他们是一群缺少自信的人，他们是值得我们格外关注的人。

　　是什么原因让我们的同学和教师都不在意他们的存在？是什么原因让他们这样安于默默无闻？究其原因，不外乎以下几点：

　　首先是由学生自身的性格、自身的学习基础决定的。他们是一群安于现状的人。他们也在不断努力追求自己的梦想，然而梦想太遥远，每一次的辛勤努力，换来的是并不出色的成绩，得不到重视，自己也没有勇气说自己很优秀，慢慢地变得不再积极。

　　正是因为他们渐渐失去了积极进取的思想，没有更多地付出辛勤的劳动，所以他们总会停留在那个被人遗忘的角落，他们的自信也在逐渐消失。

另一些则是因为自身的学习基础比较差，他们总在千辛万苦地埋头苦读，然而他们的很多努力也收获甚微，而他们又不愿意接近学习优秀的学生，以至于他们的学习成绩不会有太大的进步。更因为他们性格不善言谈、不善于发问，学习也就变得越来越困难了。

其次，教师的考评也大多集中在成绩方面，使部分教师把大量的时间和精力投入到学习优秀的学生身上，还有那些经常惹是生非的学生身上，而把这些不容易出成绩而又比较安于现状的学生给遗忘了。

然而事情总会有所变化，当这部分学生的努力付出得不到什么收获，又得不到别人的认可，尤其是得不到家长和教师的认可，他们的努力还能够坚持多久？或许有极少数的人还在坚持，而大多数人逐渐滑落到用其他的方式来吸引家长和教师的注意。

所以，我越来越意识到，我应该密切关注这一群体。因为班级的和谐离不开他们，班级的健康发展离不开他们。而让每一个学生都能健康发展，也是我——一名班主任义不容辞的责任。而且这一群体中还往往蕴藏着隐患：这一群体，缺少朋友，遇事不想与教师交流，也不会和家长交流。若是一个人没有一鸣惊人的能力，只能自卑而沉默，不向外界倾吐自己的压力，很可能会形成心理疾病。

我坚信，只要心中有梦，只要不放弃自己的追求，只要教师和同学们分一点关爱给他们，他们就会取得很大的进步。

一次走在教室的走廊上，我看到了久违的一幕：班级的张同学和其他女生在一起跳格子，而且笑得很开心。看着这一幕，我不禁感慨万千，要知道这个学生原来是那么不合群，沉默寡言、孤僻。现在，我悬了很久的心终于落地了！回想那时，为了让这个学生能早日从自卑的阴影中走出来，我真的费了九牛二虎之力，也多次向黎书记和范主任请教改变这个学生的方法，在这里也感谢两位领导的帮助。

如何让像"隐形人"一样的学生能合群，并尽快融入集体生活呢？我认为，首先可以为他们创造一个和谐的班级环境。这主要表现为师生的和睦相处，让他在互敬互爱的班级氛围中形成合群的性格。其次，有意识地让他为班级多做事情，让他感觉到老师和同学们重视他的存在，鼓励他多参加集体活动。从小生活在同龄人的群体中，学生会逐步学会怎么生活、怎么相处、怎么玩耍。也可为这样的学生创造一个环境，如让班中的学生主动接近他，让他融入大家的活动中去；还可以让个别学生找他聊天、谈心，让他有亲密的小伙伴，有知心的朋友，能诉说衷肠。

其实，学习上的后进生因其表现"突出"也会像优等生那样得到教师的格外照应，但这种照应多数表现为批评或警告，并没有真正地得到教师的关爱。因此在教育过程中，如我们不注意方式方法、语言的艺术性，就会把他们往极端上推。

我的班里有个男生，经常迟到，不爱穿校服，上课常睡觉、乱讲话，成绩极差。有一次，他发型不符合标准，学生处范主任找到我，我多次找其谈心，家访观察他在家的情况，与其父母联系共同教育。他虽嘴上承认错误，但看得出心里不服气。我意识到我要改变方法来教育他。后来，我发现他特别喜欢当班干部，我就叫他管晚修纪律，并且抓住机会多次当众表扬了他。我发现，他越来越信任我了。后来他又理了一个怪发，我笑呵呵地把他请到办公室，拿出小剪刀，我亲自操刀为他理发，他竟然没有一点儿怨言。许评老师调侃地说："大成，你班级这个学生以前好调皮的，现在好温顺，你给他理发他乖乖的，好像是在享受。"教师节那天，他为我带来一张卡片，很诚恳地对我说："谢谢"，字里行间流露出渴望进步的愿望。虽然他学习基础太差，赶上其他同学不是一件容易的事，但我却认为这是个好的开端。

可见，虽然有些学生落后了，但他们内心要求进步的愿望不会改变。尽管后进生有时表现出"刀枪不入"的外在形态，但这只是个假象，是一种为了保护自己、显示自己而有意涂抹的一层保护色。因为他们内心深处都有一个强烈的愿望：希望自己被认可和接受。因此，教师没有理由放弃对任何一个后进生的期望、帮助与教育。我们要坚持对后进生的热心帮助，多创造机会，以展示他们的才能，多鼓励表扬，促其上进，使他们也能鼓足勇气抬起头来，去迎接学习和生活的挑战。

苏联教育学家苏霍姆林斯基说过："要让每个学生都抬起头来走路。"素质教育是全面提高学生素质的一项系统工程，而要使这项工程收到实效，就必须尊重、关心、理解与信任每一个学生。所以，我爱"隐形人"——无怨无悔！

工作室研讨纪实

——破解班主任家校有效沟通德育难题看这里

深圳市名班主任工作室主持人　杨大成

案例： 有位老师在朋友圈中写道：遥想上届家长会，通知5点到，5点之前绝对全员到齐，整整两年，仅有一位家长请假；新的一届，截至目前已有6位家长请假，而且是家里一个亲戚都来不了的那种。

请你帮帮忙，给这位班主任支个招，怎样做才能让家长们热心参会。

王向惠老师：

对于案例，我这样做：

首先，表达邀请要诚恳，可以考虑制作邀请卡。

其次，在家长会的前几天发出参加家长会的重要性的通知，以及不参加家长会让孩子产生失落感，并说明本次家长会要解决的问题。比如，如何与处于青春期的孩子进行有效沟通；增进亲子关系的措施；给予成绩不理想的孩子的几点帮助。多谈一些家长们感兴趣的话题，把他们吸引过来。

最后，阐述对孩子们的基本情况的了解，要以正面为主，接着表达我对孩子们进步的期盼，说明教师毫不放弃每一个孩子，无论他们成绩如何，都需要得到更好的帮助。然后说一说平时学校是怎么帮助这些孩子的，及教师们做出的努力。寻求家长的配合，说明需要家长们做些什么，给家长们讨论的时间，让他们互相分享自己在对待孩子的过程中做得好的地方，互相学习。总结一下，展望未来。

杨大成老师：

感谢向惠老师再次发言，您讲得太好了！家长会工作要落到实处，关注到

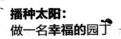

会前、会中和会后。在开家长会前备课时，对于家长、学生及会议内容都要做到精心、细心、爱心，受教了！

姚红超老师：

案例的问题同样也是我的困惑，我们班家长会每次都有两三位家长无故缺席，而且连续2次。第一次我询问了原因，回复说不知道中学还要开家长会；第二次询问原因，说是没有看到通知。

所以我想，家长不来参加家长会的情况与孩子在校表现情况应该是有关联的。我在这期间也用各种方法和家长沟通过孩子的情况，都是石沉大海，结局都是一样，后续孩子没有一点儿改变。

杨大成老师：

感谢红超老师的分享！像建新老师讲的那样，教育不是万能的，也不是即时见效的。共同努力，期待下周大家对你提出的问题有精彩的解读！

张健婷老师：

个人拙见：可以通过陆陆续续的家访了解家长朋友们不能到会的原因。针对不同的原因，策略也可以不同。

我认为，要从根本上提高家长会的质量，从内因入手，让每次家长会都和上次内容不一样，或者有所侧重，让每次到会的家长都有新的收获，这样他们才会觉得来得有价值、有意义，才会让家长觉得来学校不是单纯听各科科任教师汇报孩子近期的学校表现和各科成绩的。

针对三年一轮的学生，至少会有五次家长会，可以每次都确定一个主题，并采用丰富多彩的活动方式，如学习方法、家庭教育等，可以让优秀学生的家长上台讲自己是如何教育青春期的孩子的，给其他家长一些借鉴。

可以采用二维码、小程序的方式签到，还可以让所有孩子和家长一起来开家长会，通过"见字如面"的方式，家长读信鼓励孩子，如果每次家长会后家长都会收获很多，肯定会对下次家长会有更多的期待。

杨光老师：

一次家长会，让家长们有动力的前提一定是让他们有期待。

杨秋蓉老师：

我一直在默默关注，从各位资深班主任的回答中汲取养分，以期获得成长。我在班级管理方面实在有太多不足，现在就以学生的心态来交个作业，希望得到各位班主任的指教。

如何提高家长会的到会率？分以下几种情况：

第一，班主任第一次开家长会，部分家长就借故不参加。我认为，此时除了要在家长群里呼吁重视家长会，告诉家长到会也是关注孩子的表现，可以促进亲子关系，还要一对一摸清楚家长的顾虑，了解清楚家长为何不参加家长会的原因，并针对家长的顾虑做出说明，打消其顾虑。如果我们不及时与不到会的家长沟通，后期这些家长也许就发展成让我们头疼的家长。通过解决这个问题赢得家长的信任，是非常必要的。

第二，家长不参加非初次的家长会。此时，我们就要好好反思，是否前几次家长会家长满怀期待而来却垂头丧气而归。因此，在开家长会前期，可以调查家长希望通过参加家长会获得什么、解决什么问题，不希望参加什么样的家长会等。每次开完会后给家长一定的途径来反馈。

第三，从来不参加家长会的家长。一般这种情况就比较棘手了。听有的教师说过，改造一个后进生的最佳办法就是把这样的家长换掉。其实，我们作为班主任，还是可以从孩子入手，帮助改善家长与孩子的关系，让家长感受到学校教育的价值和不可替代性，以及家校共育的重要性。久而久之，家长自然会信任学校和教师，也就有了参会的意愿。

刘欣欣老师：

一、在家长群提前通知，让家长提前安排好时间准时参会；二、平时通过家长微信群或者QQ群培养良好的氛围，鼓励家长或者教师分享一些与家庭教育相关的文章，培养家长重视家庭教育；三、平时做好服务工作，教育也是一种服务，教育问题无小事，尊重家长，尊重孩子；四、每次家长会做好充分准备，有孩子分享，有教师讲解，还有资料准备发放到家长手中等，总之让家长感到有收获。

史明老师：

如何让家长热心参会？

首先，班主任要明确：为什么要开家长会？这就需要班主任精心准备家长会的内容，而不是简单公布成绩。我觉得可以规划一个学期家长会的次数，每次都有一个针对家庭教育的专题，或者自由发言的时间（我在尝试，不过还做得不好）。对于表现不好的孩子，我们要指出问题，更要教家长如何解决问

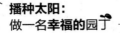

题，培养孩子的良好习惯。

其次，对于实在有事无法参会的家长，一定要让其请假，并且会后班主任电话回访，对家长会做简要的成果总结！

杨大成老师：

感谢史明、健婷老师再次发言！感谢秋蓉老师和刘欣欣老师的分享，受益匪浅。正是有你们在百忙之中的思考和奉献，咱们工作室的研修才能做到有料、有味、有感、有劲！再次感谢大家！

杨光老师：

我认为，天下没有不关心孩子的家长，家长参会的热度一定程度上也能反映出对这个班主任管理能力的认可度。很多事情需要初一入学时就打好基础，形成习惯。

现在的家长平时与教师的沟通都相对频繁，如果家长会上家长得到的信息和平时与教师沟通得到的相似，我想很多家长来参会时内心应该都是不太乐意的。杜绝不参会现象，应该让家长对家长会有期待，每次有不同的期待，这就比较考验班主任的功力，需要提前策划、部署、通知，让家长们感觉每次的家长会都能像一次父母学堂，不只与各科任教师交流，自己也有提升、有收获。

实在不能参会的，必须建立好严格的请假制度。如果不能来，需提前请假，事后补会，班主任需要营造好舆论氛围。怎么说都不来的，就必须登门，家访一次不行我就两次。时间久了，石头做的心也捂热了，毕竟孩子是他们的又不是班主任的，外人都能对自己的孩子这么用心，作为亲爸亲妈还怎么好意思忽视？

杨大成老师：

感谢杨光老师的再次发言！制度建设太重要了，我心有感触！点赞。

罗雅茹老师：

对于家长会多名家长请假的问题，我觉得可以从以下几个方面入手解决：

1. 平时加强与家长交流，特别是对孩子不怎么关注的家长，让他们了解家庭教育的重要性，建立良好的家校关系。

2. 晓之以理，从孩子的角度出发，告知如果家长不来参加家长会，孩子内心会感到失落，会认为父母不重视他，不利于亲子关系的发展。

3. 动之以情，学校不会无缘无故召开家长会，告知家长本次家长会的重要内容、对孩子的重要性等，让他们一定抽时间参加。

总之，平时我们要尽量掌握各个孩子的家庭背景及与父母的关系等，方便我们开展各项工作。

张耀文老师：

1. 分析原因：

（1）是家长真的有事情耽搁还是找借口。

（2）家长对班主任平时的工作是支持还是不支持。

（3）家长会上家长到底能够有什么收获。

2. 做法：

（1）时常在家长群做好思想引导，说明家长会的重要性，时不时联系家委会成员，尤其是与会长互相走动，组织活动。

（2）分析原因，如果是家长有意见，做到及时沟通。准时家访，或者家访补会。

（3）制定家长会规则，如果没有准时到校的家长，之后补上。

（4）家长会上拒绝讨论分数、成绩、排名，去除家长攀比、自卑等心理。内容涉及心理课程，让家长感觉到家长会不是"批斗大会"，而是真正有意义的"集体智慧"。

（5）在家长会议前，可以用书信的方式，让家长跟孩子们之间互动，这样家长们更愿意参与。

杨大成老师：

耀文老师的发言接地气，我拜读了。

沈青老师：

如何让家长热心参会？

第一，提前发出书面通知，并在家长群发一次，明确届时不能与会的家长在接下来一周内能抽时间到学校和各科任教师沟通交流。

第二，充分利用学生的号召力，这里要注意让学生明白家长到学校来，教师是想和家长沟通交流如何理解他们，如何更好地促进他们的健康成长，营造学生安全心理。同时，让他们知道届时家长没来，一周内还是要单独来的！

第三，收取回执后对不能与会的家长进行电访，没有特殊原因尽量让家长来，让家长明白不来会给孩子造成不好的影响。

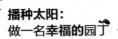

第四，家长会时要签到，并在会后将签到表发到家长群，进行简短的总结和对与会家长的肯定及感谢！

赵建东老师：

一般而言，家长会都是每个学期一次，一般安排在期中考试之后。

家长会上，一般都是教师结合考试成绩介绍一下本班的学习情况，对所谓的优秀学生进行表彰，对所谓的差生进行批评提点，然后对家长提一些在孩子学习方面的要求。如果是班主任的话，一般会综合评价一下学生各方面的表现。

那么，参加了家长会，家长们会收获什么呢？相对优秀的学生的家长得到肯定，觉得孩子很给自己长脸；相对落后的学生的家长则常常如坐针毡，觉得孩子很给自己丢面子。

这样一分析，有些家长"因故"不来参加家长会，也很正常啊。

所以，我们要重新认识家长会的作用和意义。

首先，我认为家长会的形式大于内容，家长会最大的意义就是它的仪式感。家长会是家长和各科教师每个学期见一次面的一种仪式。如果没有家长会，可能很多家长都不认识孩子的各科教师。家长们在家长会和教师见面，听教师发言，对教师有直观的了解，这有利于家长进一步和教师进行沟通。其次，就是表示家长对孩子学习成长的重视，这对孩子也有着重要的象征意义。最后，就是对教师表示尊重的一种仪式。

另外，我们真的要变革一下家长会的形式和内容。不能把家长会开成学生表彰会，开成对家长进行各种要求的甩锅会。

如果我是一个不太会教育孩子的差生家长，家长会上都是对优秀学生的表彰，而我只是衬托的人；家长会上教师对家长提一大堆甩锅教育要求，而我又很难做到；家长会上教师又讲差生如果不转变，后果会怎样怎样；那么，我也想"因故"缺席家长会。

杨大成老师：

感谢建东老师的分享，一针见血地指出家长会的鸡肋性质。这正是我们班主任要深入思考的事，是咱们工作室要研修的事，是要有所改变的事！

潘路明老师：

如何让每位家长都来开家长会？首先，我们要分析家长不能来的原因，如果是由于特殊的不可抗因素不能来的，我们要让家长来单独交流。如果是不想来，我们要科学分析原因，到底是自身组织能力的原因，还是家长方面的原因。我们的家长会要面向全体学生，讲共同问题，讲家长们关心的问题。

可以先在家长群中征求意见，让每个家长提出自己想了解的问题以及自己所遇到的困难，如果家长会开得有针对性，可能到会效果会好一点。也可以分批召开家长会，把有同样问题的家长召集起来开小会，可能效果会更好一点。另外，如果是家长方面的原因，我们就要采取各种方式去建立有效的家校联系，了解家长的真实意愿。

真的碰到对孩子不闻不问的家长，我们就让孩子自己担当起家长的一部分责任，让他学会管理自己。总而言之，家长会这个家校沟通方式还会继续下去，我们也要与时俱进，试试开视频会议也可以。

杨大成老师：

潘老师辛苦了，感谢潘老师加班加点赶制精品。

林茗茵老师：

我曾在家长会后，找这些家长缺席的同学单独问过，问他们为什么父母不来开家长会。几个学生的答案很相近，他们父母都和他们说过"成绩这么差，去了也只是被点名"。可见在很多家长的观念中，家长会就是教师用来谈学习、谈成绩的批斗大会。

我想，家长会应该是教师和家长面对面交流的一个平台，而不要把家长会开成一个"成绩质量分析会"。一方面，我们可以多方面地表扬孩子，展示他们的在校风貌，尽量让每位家长在会上都能看到自己孩子的名字。另一方面，教师也可以尝试形式多样的主题家长会，结合自己的专业能力，增加会议的丰富性。

刘思杏老师：

首先，学生与老师出现冲突不是一日形成的，而是由长期的矛盾积累而爆发的。这说明在平时授课过程中，教师应多点耐心指导学生、理解学生，多鼓励学生，避免与学生发生口角。其次，当在课上与学生产生不愉快，教师应及时处理好师生关系，在课后通过书信或者面谈的方式，用平常心和学生进行沟通，多点爱心去感化学生。最后，学校教育在培养人才方面起着主导作用，但仍需家庭教育的密切配合，家校在教育目标上应该是一致的，无论是在教育的目的上、过程上还是手段上，都不应发生分歧，家长在了解事情的缘由后应与教师形成统一战线。同时，教师也应虚心听取家长的意见。只有家校相互配合，才能真正达到促进孩子健康成长的目的！

杨大成老师：

感谢茗茵老师、思杏老师的分享！两位从不同角度诠释了我们作为班主任有意识影响和规范家长、学生的思想行为的举措，和对各种举措的深层次的思考。

茗茵侧重主张赏识教育和吸引教育；思杏侧重主张赏识和溯源性家校畅达沟通教育。

黄纯纯老师：

如何让家长热心参会呢？

第一，第一次家长会非常重要，如果第一次家长会让家长觉得受益，那大部分家长是会热心参会的。

第二，要提前通知，并确认家长知悉。没参会的家长，要找时间补会。

第三，在家长会上要避免当众批评，让家长觉得丢脸。有问题的孩子可以私下跟家长沟通。

第四，要改变家长会的形式，让家长有所期待，这需要班主任会前精心准备。如果每次家长会都让家长在下面听教师讲几个小时，效果肯定不好。可以让优秀学生及家长发言，可以给出几个话题，大家一起讨论。

总之，我觉得家长会不应只是分析成绩，还要引导家长，帮助家长解决一些教育问题，更应该教给家长一些心理方面的知识。在家长会上有所收获，家长自然就会期待下次家长会。

杨大成老师：

感谢纯纯再次分享。有句话说得好："他山之石，可以攻玉。"您的管理方案就是这样的写照！

我们班主任工作也要经历从看山是山，到看山不是山，最后到看山还是山的三个管理提升阶段！相由心生，家校共育本来就是山。本真最好，但仍要曲径通幽！赞！

黄纯纯老师：

经杨老师一修饰，立刻变得高大上！看到这么多分享，受益匪浅！

杨兴宇老师：

如何让家长热心参加家长会？

1. 让家长会有效。很多家长不愿意参加家长会，往往认为对自己孩子的成长作用不大。如果我们的家长会指出孩子的问题是一针见血的，给出的建议是"药到病除"的，我们的家长应该是期望与教师有这样的交流机会的。

2. 让家长会有料。有的家长是因为自己的孩子不够优秀，所以不好意思参加家长会。如果我们能跳出单一的学业评价的藩篱，回归教育的本真，站在人成长的角度，客观地分析孩子的闪光点，以培养健全人格的视角与家长沟通教育话题。家长会有新的启发，也能减轻家长的焦躁心理。

3. 让家长会有趣。可以以我们的"老本行"课程论的角度设计创新家长会，改变由班主任一讲到底的形式，给家长和孩子更多参与的机会（如家长经验分享，学生代表汇报班情，展示班级建设成果等），让家长从中找到参与家长会的获得感和成就感。

杨大成老师：

到此，咱们工作室第一次研修圆满结束。除了新加入双语学校的9位班主任来不及分享外，所有人都抱以极大的热情参与，甚至有多位教师多次参与，不吝言辞，不亦乐乎！感动，真的很感动！谢谢帅哥美女们！

每一条信息我都认真地拜读和思考，真切地感到收获满满、惊喜不断。这真是应了那句话：志同方能道合，有爱才会痴迷，诗和远方触手可及！

第五章

家校有效沟通
安全文化建设

从心理学角度谈班主任安全有效
沟通的心理素质

深圳市盐田区外国语学校　杨大成

班主任在管理班级事务时，应合理地调节学生的积极心态，从心理学角度进行安全有效沟通。以攻心的策略，充分调动学生的积极性。也就是说，要达到于"运筹帷幄之中，决胜于千里之外"的水准。

一、高素质的班主任

班主任作为每个教学班的直接管理者、学生的直接教育者，对学生德、智、体全面发展，对有效地完成教学任务，对培养合格的人才，肩负着重要的责任。因此，对班主任的要求是多方面的，但具备良好的沟通素质和卓越的心理沟通技能，则是对班主任最根本、最主要的要求，是做好一系列班主任工作的前提和保证。

俗话说，名师出高徒。一个高素质的班主任，对学生最有效的影响力并不在于他的行政权力，而在于他的内在素质。作为班级建设的经营者，要教育和引导学生健康成长，就必须十分注重自身的知识素养和心理素质的提高，不断地学习，不断地丰富、武装自己，不但要让自己成为教育家、演讲家、指挥家，还应努力使自己成为优秀的心理学家，让每一个学生在班级里都获得良好的发展。

总之，作为21世纪的班主任，让每一个学生都获得良好的发展，不能仅是一种愿望。如果我们不能了解学生共同生活的环境，不了解他们在这一环境中发展的规律，那么即使我们有帮助每一个学生都获得发展的愿望，也难以把这一愿望变成现实。除非有看透学生的心理的本领，才能够于运筹帷幄之中，决胜于千里之外！

二、方法胜于强硬

那么怎样才能摸透学生的心理呢？我觉得应该做到以下几点：

（一）热爱学生，诲人不倦

教师关心学生、理解学生，这是热爱学生、教育学生的前提。班主任在教育过程中，首先必须了解自己的学生，掌握每个学生的兴趣、爱好、特长和优缺点，乃至于他们的主要经历和家庭环境等情况，进行表象的了解并不是很难，难的是要及时了解他们的思想活动、情绪变化等。只有对学生进行全面的了解，才能处理好教师与学生的关系，这就需要班主任从各个方面关心学生。如果一个学生常常受到班主任的关心，他就乐于接近你，愿意向你吐露自己的真实思想，自觉接受你的教育。反之，他就不愿意接近你，对你敬而远之，这样就难以收到预期的教育效果。

其次尊重学生，以诚相待。要尊重他们的人格、个性、自尊心，这就需要班主任以平等、民主的态度来对待他们，虚心听取学生的意见，以积极慎重的态度去评价他们。在教育学生的过程中，即使学生有了错误，也不能有意无意地嘲讽，不能随随便便地训斥，而要讲究方式方法，讲究教育艺术，合理地进行批评教育，使学生心服口服，尽量不伤害学生的自尊心，使他能自觉地改正错误。班主任要从各个方面努力地调动每一个学生的积极性、主动性和创造性，使师生之间在思想上更接近，在感情上更融洽，在目标上更一致，形成平等、互相尊重、共同奋斗的关系。

（二）以身作则，为人师表

在教育过程中，"身教"更重于"言教"。班主任占据教育主导地位，一举一动都对学生起着潜移默化的作用。所以，教师自身的品德又是教育的重要手段，是学生学习做人的榜样。

（三）工作作风与生活习惯的和谐统一

班主任对学生的影响，不仅在正常工作中，还常在日常生活中。学生对班主任的认识或班主任对学生的榜样作用，也可以在日常生活中体现出来。如果班主任有文明的生活习惯，不仅可以培养自己积极向上的生活情趣，还可以对学生产生学校教育难以取得的教育效果，使自己在工作中和生活中的形象统一起来，给学生留下美好的印象。所以班主任绝不可把生活习惯视为小节，而应当注重在日常生活中形成文明的生活习惯，力争树立自己的完美形象，为学生做好表率。

三、抓住心理，及时表扬

其实，班主任在实际管理中为调动学生的积极性，有许多好的方法和手段。但我认为，激励是调动学生积极性的重要的、更为有效的手段。调动学生的积极性，要因人、因时、因事而异，要根据不同的情况，采取不同的激励办法。

表扬激励。这是做过班主任的都使用过的手段，但是班主任运用表扬激励法要掌握好度，切实注意以下几点：

第一，要实事求是，恰如其分，不能夸大拔高，也不能把集体努力做出的成绩归功于某个学生或学生干部。

第二，要因人而异，如对比较骄傲和容易自满的学生进行表扬时，应同时指出其不足，以防止其沾沾自喜，产生骄傲情绪。对于那些比较自卑的学生，即使他们取得一点点成绩也应充分加以肯定，使其看到自己的长处和进步。

第三，要注意表扬一般学生。在一个班级中，处于一般状态的学生较多，班主任表扬一般学生能昭示、激励大多数学生。

第四，要注意表扬对象的多样性，对品学兼优的学生要表扬，对乐于助人的学生要表扬，对学习态度严谨的学生要表扬，对后进变先进的学生更要表扬，这样可以激励更多的学生前进。

奖惩激励。奖励和惩罚是教育学生的必要方法，奖励是班主任常用的工作方法，而惩罚是班主任工作的辅助方法，奖励和惩罚主要用于学生表现中的特殊行为。从本质上讲，奖励和惩罚都是一种对学生的激励手段。奖励是一种肯定评价，对学生进行奖励，不仅能培养和促进受奖励者的荣誉心和上进心，也能调动其他同学的积极进取心。

在对学生进行奖励时，应注意以下几点：

第一，要奖得合情合理，该奖则奖。

第二，要把握奖励手段，切忌简单地用物质奖励代替精神奖励。

第三，要把握奖励的教育性，利用受奖励者的先进事迹强化正面教育。

第四，要创造一种得奖光荣的舆论环境。

惩罚是一种否定性评价。在学校教育中，班主任要努力做到防患于未然，要使学生的不良行为尽早改正或处理在萌芽状态，合理的惩罚往往收效明显。但应注意惩罚不应该成为班主任经营班级的法宝。学生犯错误是难免的，因而对少数学生进行适当的惩罚也是必要的。当然，对学生来说，惩罚毕竟不是一件好事，但惩罚也可以成为一种激励的力量。对于因犯错误而受惩罚的学生，班主任要让他在心理上能接受该惩罚，而不要给他心理上造成阴影。同时要更多地关心和爱护他，并客观地分析其所犯的错误，使其内心受到强烈的震动，真正认识错误，使其放下包袱，树立信心，从内心深处激发出改正错误和追求上进的强烈愿望。

目标激励。我们知道目标是人们行为的向导、动力，明确的目标始终是自觉行动的前提。我们每一个班级的学生，无论从工作能力，还是学习成绩等方面都是梯形结构。面对这种情况，班主任要根据每个同学的各自特点，设定相应的目标。

学生一般都有争强好胜的特点，因此班主任可通过组织各种有益的竞赛活动，激发、鼓励学生积极进取、努力上进，培养学生的竞争意识、集体观念等。竞赛的形式可以是多种多样的，如学习竞赛、体育竞赛、专业技能竞赛等，通过竞赛可以形成一种外在的压力氛围，激励学生你追我赶，有利于学生的快速成长。

关怀激励。班主任的关怀是对学生全面的爱，关怀本身就是一个教育、培养的过程。关怀体现在班主任的日常行为之中，一个亲切的笑容、一个爱抚的动作、一个不经意的问候，往往都是激发学生内在情感的火花。关怀体现在对学生的严格要求之中，班主任切忌对学生溺爱和护短。关怀固然包含着对学生物质上的关心，但更应该注重对学生精神的抚慰和启迪。

四、班主任工作的三种境界

班主任工作是个耐人寻味的工作。我想到几句诗："独上高楼，望尽天涯路。""衣带渐宽终不悔，为伊消得人憔悴。""众里寻他千百度。蓦然回首，那人却在，灯火阑珊处。"真正摸透学生的心理，做一个优秀的班主任，真的要经历这三种境界。所以班主任工作是个全方位的工作，没有一个好的班级管理理念的正确指导，就不能把握工作的方向，就可能事倍功半、劳心费神。而这三种境界既能使学生的自我管理水平提高，也能使班主任有更多精力从事教育、教学之路。三种境界实际上是班主任与学生相互磨合、相互促进的过程，是师生在情感和思维的交流中达成极高默契的表现。只有把握好三种境界，才能使班主任与学生共同走向一条充满欢乐的班级管理之路。

走心德育，做学生心灵的护花使者

——优生也有难言之隐

深圳市盐田区外国语学校　杨大成

十多年的班主任工作使我深切地感受到，班主任是学生学习知识的启蒙者，又是学生心灵的陶冶者、雕塑者。在这里，我着重谈谈做优生心灵使者的点滴事例和心得。

关于"师爱"的话题很多，其中最为经典的就是教师的爱要公正，要平等。"一个优等生，就是教师的一件成功之作，为他骄傲当是自然之事。"果真如此吗？以下是通过调查收集到不同群体对优等生的一些看法：

1. 对学生的调查表明，在他们看来，优等生唯一的好处是能够提供作业供他们抄袭，或者可以帮助他们解答难题。

2. 同班同学们认为优等生普遍缺乏个性，喜欢显示自己的无所不知，过于骄傲，不易与同学打成一片，只热衷于讨好教师。

3. 部分教师感叹优等生得到教师太多的宠爱，却从不知言谢，甚至缺乏应有的尊师素养。

4. 优等生评价自己对成绩看得太重，患得患失；学习占用了过多的时间，他们不得不放弃部分交际活动；对每门功课都平均分配精力，所以无法专注于自己喜欢的专业。

5. 工作后同事认为优等生可能在应对意外事件方面的能力差一些，因为有些经验是书本没有提供的。

6. 个别优等生的家长经常抱怨孩子过于自私，似乎整个地球只围绕他们在转。他们似乎是为家长而学习、家长天生亏欠他们一样。如此一来，家庭关系难免恶化。

由此可见，优等生未必就是一件"成功的作品"。感叹之余，我们应当从教育体系中寻找造成这一现象的原因。

其实，优等生本人也会有诸多困惑：初三学生，特别是有可能考上好高中的学生，给人的印象是好管理：听话、懂事、善解人意；学习自觉、自强，不用家长、班主任操心、费力。

可是通过接触、了解、观察，我发现他们也很累、很苦，甚至很迷茫。他们带着家长、教师深深的希望在学习，学得累，学得苦。有的同学累得没有了目标、没有了自信、没有了锐气，痛苦于从来没有一个令家长和自己满意的结果。目标是什么？他们不知道，他们知道的只是从来没有令人、令自己满意过。听他们的声音：为什么要学习？为什么要学习好？心情不好不想学，可是一看同学在用功，又像有一只无形的手在推着他去做拼命三郎一样！如此多的迷茫、困惑和不快乐，开始我不以为意，有时认为他们只是嘴上说说而已，谁知问题的严重性在开学一个月时就凸显了出来。以下是我班最明显的一个案例：

一个很阳光的班干部，平日善解人意，工作责任心强，深得微微老师的赏识。但是开学四周后，她渐渐地不爱说话，情绪低落，表情冷漠，见老师就躲。

虽然班干部的担子没有放下，但看得出来，只是在尽自己竞选时的承诺而已。小考成绩不错，但是月考成绩一塌糊涂，差得让人不能接受。经过我再三询问、开导，她告诉了我她情绪低落的原因。她认为这事不能向家长、教师诉说，她想向与她关系要好的同学倾诉，谁知她把自己的苦水向同学倾倒一番，可同学只说了一句安慰的话后，就说自己学习时间紧，得赶快做题了，然后扬长而去，没给她化解这番苦恼。连她以前帮过大忙的朋友也借口学习忙，离她远远的。久而久之，她认为世界很冷漠，她很孤独，于是她故意表现出一副冷眼看世界的形象，消极遁世，所以月考的成绩自然很差。

我察觉事态的严重性，在床榻上辗转三圈后，便有一计策萦上心头，于是便有了下面的举措：

首先，与她谈心，将原本她认为很严重的事情淡化，使她感觉这件事情是小菜一碟，不值得介意。然后，再与家长联合设计策略，温暖她、融化她内心的坚冰。最后，又联合几个同学貌似无意地接近她、团结她，使她感觉到不是所有的同学都冷漠。在以上策略奏效后，再出一剂猛药——激将法，打赌比学习！经过我的不懈努力，终于善意地将她"氧化"并且"还原"为原来的可爱的上进生。

我总结出来处理优等生问题的注意事项：

1. 注重培养优等生的情商，使他们能够与人和谐共处。

2. 抛开功利之心，尊重优等生的个人意愿与主观能动性。

3. 严慈相济，做好优等生的纠错工作。

我深知，学生教育是一个系统工程，要经历一定的过程。其实，更要树立一种观念，优等生更需要教师适当的批评和引导，这样有利于学生的成长。尤其不能无原则地迁就或放任不管，那样不利于优等生的进步。对优等生的教育尤其要重视帮助他们调整心态，做学生心灵的使者！

家校有效沟通的安全文化建设

深圳市盐田区外国语学校　王广宇

平安教育是基础，和谐教育是保障，幸福教育是目标。要对一个人的思想有刻骨铭心的触动，最有效的手段是文化的渗透和教育。学校安全文化建设是校园安全文化建设的一部分，是以实现安全学习生活为目的的。学校已不单是教书育人，还要积极塑造一种校园文化氛围，以此来熏陶学生身心健康和高尚的情操，增强学生的素养和审美情趣。学校在狠抓安全教育与安全管理的时候，努力把学校安全建设成一种校园文化，将安全文化与学校文化有机结合为学校安全文化。学校安全文化是学校将安全教育与安全管理的理念和价值观体现在决策者和管理者的态度和行动中，落实到学校管理制度里，融入到学校的管理实践上，营造师生的安全教育、学习和生活的氛围，是校园文化的重要组成部分。可见安全文化越来越受到广大师生和家长的关注，面对孩子，家长们如何将安全文化渗透在他们心中？通过有效的沟通安全文化建设，达到平平安安、健健康康地度过一生。

一、知晓其重要

构建学校安全文化，是学校安全的根本保障，是和谐教育、幸福教育的基础。把学校安全建设作为一种文化，既能潜移默化地影响学校管理人员、师生员工以及广大家长的安全自觉性，又能借助文化的力量来保障学校的安全。把学校安全建设为一种文化，既是从感性到理性高度的升华，又是学校创建"平安校园"的最高目标。把学校安全建设为一种文化，不仅是学术文化、论坛文化、艺术文化和社团文化等一切校园文化得以顺利实施的有力保障，而且集中表现了学校整体竞争力和个体综合素质，树立安全形象，保持良好声誉，在激烈竞争中立于不败之地。把学校安全建设为一种文化，让每一个人都受到潜移默化的熏陶甚至影响，贯穿一生，内化为生存必备的素质，让每一个家庭、每个学子终生受益。

二、明晓其构建

学校开展安全教育与安全管理工作，从感性的角度看，就是要真正杜绝学校安全隐患，确保学校安全，将校园安全事故降到最低乃至消除；从理性的高度讲，就是从物理安全与心理安全两个角度探讨和摸索人与环境、人与社会、人与自我三个层面的安全文化体系。建设学校安全文化，可以从安全物质文化、安全制度文化和安全观念文化三个方面入手。

1. 安全物质文化。纵观校园意外事故，多数是因教育教学设施的安全性差，或安全管理不到位、欠力度而造成的。学校开展任何一项教育活动都是以基础设施为物质基础的，所以学校教育基础设施管理是安全的第一目标，建设安全物质文化是安全的最高目标。

学校建筑物、构筑物、设备设施等符合国家的标准和要求，定期检查，维修更换。特殊时期或场合，校内地板湿滑，高地、水池、楼梯等易发生危险的地方要设置醒目的警示标志或采取有效的防护措施。在人员集中地、人流量较大的时期，要安排人员值班、巡查，疏散学生，防止发生拥挤踩踏事故，要形成习惯和制度。对基础设施的安全管理要责任到人，加强督查，确保工作无疏漏。

2. 安全制度文化。学校要建章建制，以"严"字当头，以处罚为手段，颁布各种安全禁令，如《来访人员进校制度》《进出车辆管理制度》《校门安全保卫制度》《门卫值班制度》《校园安全规则》《学校急救常识》《校园安全事件管理制度》《校园消防安全管理制度》等。在一定的时期，的确能收到良好效果。但还没有形成一种文化，没有积淀，时间久了，人们往往会产生抵触的心理。建设安全制度文化，最有效的办法是开展安全教育。开展安全教育，可以驱除学生的不安情绪、恐慌心理；开展安全教育，可以使学生游刃有余地面对突如其来的安全问题，避免对个人造成人身伤害，影响学习。

（1）时间灵活开展安全教育。实施安全教育主体是家长和班主任。在家，家长可利用一起经历的安全小事故，或者所见的安全事件；在校，班主任可利用晨会、班会、家长会等时机进行安全宣教。学校也可定期召开安全教育大会或利用升旗，平时集会等灵活地开展安全教育。

（2）形式多样开展安全教育。开讲座、搞演习、展图片、听报告、献策会、学生和家长讲述安全故事、实行"安全签约"、学习讨论安全课件、安全教育录像等，利用家校联络群、校园广播、橱窗、刊物、校园网络等平台在校内外开展形式多样的安全教育。

（3）对象多元开展安全教育。比如与社区联合，在江河塘堰等易发生安全事故的地方设立危险标志或义务安全员等，在上学放学期间邀请交警协助指挥运载学生以及交通安全讲解等。

加强学生安全教育工作，培养家长与孩子的自我保护意识和遵章守法的习惯，努力营造更安全、更和谐的文化氛围，让孩子们健康、快乐成长。

3. 安全观念文化。加强安全文化建设，关键不在发号施令做什么，而是潜移默化地普及安全常识，提高广大家长和师生的自我保护意识，让人时时、处处、事事不伤人，也不被他人伤害。"珍爱生命，关注安全""校园安全，人人有责"，不是一句口号，应该形成一种观念，深入心灵，时时、处处、事事都引起警觉。电影《一个都不能少》就传达了一种安全观念：学生一个也不能少！安全观念文化，既是整体的也是个体的，要两只脚走路，一只也不能少。

安全观念文化的形成，宏观上要从上至下，在各级文件要求下，形成安全意识完整体系；微观上既要给学生灌输安全防范意识，又要锻炼学生自救和他救的能力。我们可以从以下几个方面入手：一是形成安全宣传教育常态机制；二是全方位开展培训；三是安全文化要从教育抓起，在中小学全面开展安全知识教育课程，使学生增强生命意识，理解生命的意义，进而善待自己、善待生命。

三、通晓其功能

建设学校安全文化，就是要提高人的安全素质。人的安全素质由人的安全意识、态度、知识、技能等决定，所以学校安全文化就具有了影响功能、激励功能、约束功能和导向功能。

约束功能是通过强化学校行政的安全责任意识，约束其审批权；通过管理文化的建设，提高学校决策者的安全管理能力和水平，规范其管理行为；通过制度文化的建设，约束师生的行为，消除隐患。

影响功能是通过观念文化的建设，影响决策者、管理者和员工对安全的正确态度和认识，强化社会每一个人的安全意识。

导向功能是对全校每一个人的安全意识、观念、态度、行为的引导。对于不同层次、不同年级、不同角色和责任的人，安全文化的导向作用既有相同之处，也有不同之处。如对于安全意识和态度，无论什么人都应是一致的。而对于安全的观念和具体的行为方式，则会随具体的层次、角色、环境和责任不同而有别。

激励功能是通过观念文化和行为文化的建设，激励每一个人安全行为的自觉性。具体来说，对于学校决策者就是要对安全投入的重视、管理态度的积极，对于师生则是安全规则，自觉遵章守纪。

安全文化的这些功能对学校安全、家庭安全起着强有力的保障作用。学校安全对策的发展，需要安全文化的力量才能奏效；家庭安全的保障，需要安全文化的力量才能启航。只有深厚的"文化力"，才能提升"竞争力"。掌握与孩子沟通的技能，潜移默化提高人的安全文化素养，汇聚全社会的智慧与力量，以人为本，群策群力，消除安全隐患，打造平安校园，共创和谐社会。

培养孩子与家长有效沟通安全文化建设

深圳市盐田区外国语学校　王广宇

　　近年来，校园安全问题是社会各界都十分关注的问题，对于这一问题，我在主题班会课上，给同学们阐述校园暴力的危害以及遭遇校园暴力时的正确做法，同时渗透学校安全文化建设，培养孩子与家长有效沟通安全问题、现象甚至是文化。

　　安全问题无论是发生在哪个孩子身上，都会感觉非常难过。对于家长来说，有的采取的方式是简单粗暴的，不问事情缘由先批评孩子甚至打一顿骂一顿，或者带着情绪冲到学校质问教师和施暴的孩子，引起矛盾升级，这种做法从本质上来说是解决不了问题的。要提高沟通校园安全问题的有效性，我们可从以下几个方面与孩子进行沟通：

一、树立正确的安全教养观念，营造良好的安全文化沟通氛围

　　我们知道，要达到高层次、高质量的沟通境界，沟通的双方必须处于一种平等的、轻松的、自然的状态下，才有可能达到情感的真实流露，也才有可能真正达到心与心之间的碰撞。为此，家长首先应以平等的身份与孩子进行轻松的交谈。家长低声细语与孩子进行对话，听听孩子在安全事件中的心声，说出自己的看法；应允许孩子对问题持有不同的观点和进行必要申辩的机会，不要过多地干涉孩子、限制孩子，应还给孩子自主权、自决权、隐私权。其次，家长应尊重孩子，把孩子看成一个独立的成员。尊重是一种接纳，家长对孩子的这种尊重、接纳应是无条件的，包括接纳孩子的对与错。尊重是一种信任，家长应相信孩子的能力，相信孩子能改正缺点，不断地成长。

良好和谐的家庭氛围是家长与孩子顺利沟通的重要条件。一方面要求家庭成员之间要和睦相处，相互体谅，互相尊重；另一方面家长与孩子能在民主、平等的氛围中生活，精神上没有压力。也只有在这样的家庭氛围下，孩子才愿意跟家长交流学校里发生的喜怒哀乐。在安全文化沟通上，结合现场发生大小事件决定谈话的时间、场合、人员等，在比较轻松、自然的环境中进行。

二、掌握安全文化的沟通艺术，有效提高沟通质量

家长与孩子的沟通是一门艺术。孩子受其身心发展特点的制约，在与人交往的过程中，具有该年龄阶段所特有的特征，对待安全问题、现象甚至是文化认识都存在较大差异。家长在与其交往过程中，应特别注意以下几个问题：

（1）学会倾听孩子。

在沟通中，家长必须学会倾听，许多时候听比说还重要。不少家长在与孩子沟通中忽略了倾听的重要性，特别是听到孩子谈论一些家长认为错误的观点和不安全的行为时，便迫不及待地站在自己的立场上进行说教，并加以限制和制止，于是出现了言者谆谆、听者藐藐的现象。这样是很难达到沟通效果的。家长可利用身边朋友出现的安全事故，或是新闻广播播出的安全事故等契机，跟孩子聊聊，如何避免安全事故的发生。倾听并非仅用耳朵去听，更重要的是用心去听，设身处地地去感受，达到共情。不但要努力地听进去，而且要思考，通过智慧、巧妙的语言与孩子积极互动。通过倾听，往往可以引出孩子一连串的心里话，使沟通变得容易；通过倾听，家长可以从中了解自己孩子的内心世界，使沟通变得更加顺畅；通过倾听，可以让孩子感受到成人的关爱和自身的价值，使沟通进行得更加深入。

（2）学会赏识孩子。

因为容易用成人的眼光来看待孩子的所作所为，家长容易出现拿自己孩子的短处与别人家孩子的长处进行比较，很少将赞扬给予自己的孩子。对于孩子的不足，我们可以先放在心里，在日常生活中默默地引导帮助孩子提升。我发现，与孩子"谈不来"的家长，十有八九说不出自己孩子的长处，而对子女的种种"不是"却能娓娓道来。事实上，道理很简单，有谁会爱与一个并不赏识自己的人交谈呢？孩子更需要我们鼓励、表扬、欣赏他们，如果我们不是以成人的标准，而是从孩子的角度来看待孩子，就会发现孩子身上有许多的闪光

点，有许多值得我们称赞的地方。

（3）学会换位交谈。

受其身心发展水平的制约，孩子在与家长交流过程中，他们的谈话方式、思维、想象，以及他们的兴趣爱好等都与家长存在较大的差异。具体表现在交流过程中的倾听、理解、表达能力等方面存在较大的差异，这种差异在客观上影响了孩子与家长沟通的顺利进行。因此，家长应学会站在孩子的角度，换角色思考问题，从孩子的立场出发，充分体验孩子的内心感受，做到"童心未泯"，真正成为孩子的知心朋友。

三、积极了解各项安全事件，学会主动沟通

由于受身心发展水平的制约，孩子与成人进行沟通的水平较差，家长应多与孩子进行沟通，在与孩子交谈中提高孩子的沟通水平。

首先，家长应创造条件，主动、经常地与孩子进行沟通。在交流中，家长应以身作则，遵守谈话的规则，给孩子树立榜样，让孩子在潜移默化中学习，在具体的语境中掌握沟通的技巧。

其次，家长应让孩子有更多说的机会。家长可以让孩子谈一谈校园生活，说一说今天最快乐的事情是什么，说一说最不愉快的事情是什么，心里有什么样的感受。孩子说得好，家长就要及时给予表扬，增强他的自信心，使孩子更乐意与家长沟通。

一个学生的背后是一个家庭，一位教师的背后是一个群体。孩子与家长有效沟通，让亲子关系更为融洽。孩子能与家长有效沟通安全文化，把安全知识文化深入每个人心中，减少安全事件发生。所以我们一定要把安全教育纳入素质教育的范畴，认真扎实地传授安全知识，培养安全防范技能，强化安全意识，增强安全法制观念。动员校长、教师、家长甚至全社会，人人关心并参与对学生的安全教育工作，积极学习安全常识，将安全知识渗透到相关学科进行教育，为营造和谐氛围、实现幸福目标打下坚实的基础。

第六章

家校有效沟通
科学管理学习

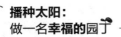

横看成岭侧成峰，以小见大展真情

——有效沟通与学子谈写文章的选材技巧

深圳市盐田区外国语学校　杨大成

在我看来，"选材"就像蜜蜂采花酿蜜。大家知道，不是所有的花都能酿蜜，只有精心挑选、精心酿制，才有甘甜可口的蜂蜜，我们所说的"花"就是"材料"，所说的蜜就是"主题"。选材是根据主题需要，有目的地选择恰当的材料来表现主题，使主题产生最好的效果。

所以选材的原则是最能够突出文章中心的人和事件要作为重点详写；比较能够突出中心的，起到衬托作用的人和事件要略写；与中心无关的材料不写。

下面我向大家推荐在选材方面的三个小技巧：

一、选材要真实、小巧

对于自己不大熟悉的材料，选用时很容易出现漏洞。要学会用以小见大的写作手法来表达深刻的主题思想或人物性格、精神品质。如你所能触及的小人物和小事件，回避陌生，首选熟悉；规避大话题，选择身边小事件，这样写起来才能驾轻就熟地弘扬正能量。

二、选材要新颖

要学会把拥有的独特的材料筛出来，保证选材的独特性。这里有个很简单的操作方法，那就是将你接到题目后最先想到的两个材料抛弃不用（因为这些材料也会是别人容易想到的），启用第三次甚至第四次想到的材料。近日，我看到一篇文章就是班主任以看待家长的视角来写的，用反衬的手法突出此家长在困难面前舍小家顾大家，夜以继日奋战第一线的无私奉献精神。

所以多留心、多观察、多思考身边的人和发生的事，从不同的角度观察，就能使所选的材料更加新颖。

三、选材发掘主旨要深刻

题材上要学会精选出容易被人忽视、看似平凡微小的人和事物作为写作角度，通过这些"小"来展示整体事件的气象之大。像朱自清的《背影》，作者就选取了父亲的"背影"来表现"父爱"这个大主题。

同学们，一篇好作文就像一个健全的人，文章的主题是心脏，文章的材料是血肉，文章的结构安排是骨架，文章写作语言是细胞。

所以，要写出一篇具有正能量的文章，除了选材剪裁之外，安排合理的结构、生动的语言、具体的描摹方法显得尤为重要。一篇好作文是要综合运用各种表达方式去写作，用真情实感把典型人物写深、写透，把一些小人物写出大大的正能量，写出以小见大的作文来。由于篇幅关系，下回再谈此层面的写作技巧。

同学们可以参照我上述选材参考意见，拿起笔来试试。

学会做一个宽容赏识的好家长、好教师

——读《好妈妈胜过好老师》有感

深圳市盐田区外国语学校　　王向惠

俗话说得好，心态改变一切，性格决定命运，凡事往好处想的人才会有好心态、好性格。人的一生中有许多不同的阶段，每一个阶段都会有不同的人或物陪伴着我们，它可能不会让我们多么快乐，但这都是要经历的，因为每一个不同的人或物都是在教会我们一样东西，那就是遇见更好的自己。

几年前便读过尹建莉老师的《好妈妈胜过好老师》这本书，那时因为我还没成为妈妈，只是粗略地读一读，并无太多感触。今重读这本好书，使我受益匪浅，如获至宝。书中采用案例写作的方式，记录了一个优秀孩子的成长轨迹。作者的女儿品学兼优，跳级两次，16岁便参加高考，取得超过当年清华录取分数线22分的优异成绩。我从她的教育经验中看到了做智慧型家长和教师是多么重要，现从我印象深刻的两点谈谈我的感受。

一、给孩子"犯错误权"

教育大家斯宾塞说，教育中应该尽量鼓励个人发展的过程，应该引导儿童自己进行探讨，自己去推论，给他们讲的应该尽量少些，而引导他们去发现的应该尽量多些。书中的尹老师就是这样做的。

书中的圆圆四五岁时，去奶奶家，用脸盆直接到水缸里舀水，把一大缸水给污染了。奶奶惊呼一声，圆圆不知所措，有点儿害怕。尹老师见此，笑着说"没事"，这是圆圆第一次接触大水缸，接着尹老师给圆圆讲解小瓢的作用，然后圆圆用小瓢舀着水洗手，给家畜的饮水池加水。妈妈把大水缸中的水换了新的，一边提水，一边兴高采烈地说"好久没提水了"，一家人其乐融融，没有再对孩子的错误大惊小怪。

孩子都会犯错误，我们不能急于批评孩子，可以蹲下来把孩子抱在怀里，然后心平气和地听听孩子的想法，最后指出他做得不对的地方，把正确的做法示范给孩子看。跟孩子好好地解释，有时带着情绪指责孩子后又会后悔，不如冷静下来告诉他下次要小心。重视对孩子自我控制能力的培养，从平常的小事做起，让孩子学会自控，凡事顾及大家的感受，切不可养成孩子自私自利的习惯。我们对孩子的教育需要爱中有教、教中有爱，切不可因为孩子的错误进行人身攻击，不伤害孩子的尊严，家长要做到就事论事，不翻旧账。对孩子进行耐心的强化和反复教育，有时候孩子的错误不是立刻能够改正的，需要我们反复提醒和纠正，切不可对孩子说"我对你很失望""我都跟你说很多次了，你咋就是记不住呢"之类的话。营造和谐愉悦的亲子关系，多花时间关注孩子的点滴成长和进步。

尹老师说：童年需要"试误"，需要"不听话"。不允许孩子犯错误，要孩子事事听命于家长，这犹如不允许学走路的孩子摔跤一样，是以暂时的、表面的完美取代长久的、内在的完善。对于一个孩子来说，内心的自信平和比谨小慎微重要，有好奇心比凡事不出错重要，有自我选择的勇气比选择正确的重要。

二、只设"记功簿"，不设"记过簿"

大家都知道"皮格马利翁效应"吧？所谓的"皮格马利翁效应"，其实就是对一个人传递积极的期望，就会使他进步得更快，发展得更好；向一个人传递消极的期望则会使人自暴自弃，放弃努力。尹老师给女儿圆圆准备了一个小本，本中专门记录好事，比如"收好玩具""扔垃圾""自己编故事""学会认钟表"等，她还会把老师奖励的小红花贴在本子上，达到一定数量可以兑换大笑脸。圆圆上了小学后，"记功簿"上记录的也都是与学习成绩无关的内容，"学会了切土豆""帮妈妈洗碗，洗得干净"等。这个方法对孩子的成长是非常有帮助的，孩子受到表扬，有成就感，对做过的好事有提醒作用。

我把尹老师的方法应用到我女儿的身上。2019年1月2日，跳跳给朱朱老师唱《新年好》；2019年1月3日，跳跳主动要用牙膏刷牙；2019年1月6日，跳跳会用筷子吃饭了；2019年1月12日，吃了很多青菜；2019年1月16日，放学后自己背书包；2019年1月17日，晚饭后跳跳自己把碗送到厨房，等等。作为新手妈妈，我还有很多需要学习的地方，育儿是场修行，需要让自己不断充电、不断提高。

马克·吐温说："一句真诚的赞美就能让我多活两个月。"所以，我还把尹老师的方法应用到我的学生身上，命名为《成长记录本》，要求学生记录每日收获或者反思，一句话、两句话、多句话都可以。魏同学写道："生物课上老师讲了自然淘汰，让我明白'物竞天择，适者生存'，面对人生困境要学会改变自己。"

王同学写道："再过几天就要月考了，自我感觉不好，但我相信，即使我还有很多不足，只要我肯付出实际行动去改变，一定会逐渐攀上高峰，超脱在小我之上，加油。"郑同学写道："明天要考数学，心情莫名有点激动，今晚我要泡一下脚，早点睡。"陈同学写道："我的体育太弱了，以后每天放学后我要去操场跑两圈再回家，体育老师说我跑步姿势不对，这方面要多练习。"张同学写道："今天翻了一下自己写的记录（成长记录本），首先非常感谢王老师对我的评价和鼓励，感觉有了鼓励，做啥事都有动力，谢谢老师给班上每个同学的鼓励。"许同学写道："今天早上爸妈又因为我起晚了争执起来，还提到我的成绩，我很难过，我觉得自己挺努力的，可总是达不到他们的要求，可能我要改变我的学习方法。"尹老师的方法真的很好用，同学们在反思中不断进步。作为教师，要想办法让每个学生都学会反思自己的能力，引导他们通过自己的努力，获得成功的愉悦。

这本书很奇妙，它用通俗易懂的文字、平淡的语调、细腻的感受、详细的案例描述着生活中与孩子朝夕相处的事件，让我知道赏识教育的目标是让孩子与己和、与人和、与天地万物和。这本书深深地感染着我，让我有想读下去的欲望，因为很多在亲子方面无从下手的事在这本书里都会找到答案，那就是学会做一个宽容赏识的好家长、好教师。

有效沟通，打造情趣化的初中历史课堂

深圳市盐田区外国语学校　潘路明

情境教学，是对初中历史教学的新尝试，是在教学过程中为达到既定的教学目的，从教学需要出发，引入、制造或创设与教学内容相适应的具体场景或氛围，引起学生的情感体验，帮助学生迅速而正确地理解教学内容，积极主动地配合教师活动，从而提高教学效率的一种教学方法。

如何在历史课堂中贯彻和运用情境教学呢？"好的开始是成功的一半"，创设导入情境，激发学生的学习兴趣，这已经成为大家的共识，所以本文重点研究如何在教学过程中创设情境，使学生在整堂课中都能保持极高的学习热情、思维处于积极的思考状态、多种感官参与到学习活动中，提高课堂学习效率。初步概括为以下几个方面：

一、创设问题式情境

孔子说过："学贵有疑，小疑则小进，大疑则大进。""学起于思，思源于疑。"苏霍姆林斯基也曾指出："使你的学生看出和感到有不理解的东西，使他们面临着问题。如果你能做到这一点，就成功了一半。"为此我注重在教学中给学生精心设计值得探究思考的问题，要学生置身历史情景中，加深对历史的认识。

例如讲唐朝历史时，要学生思考讨论"有人说唐朝衰落的原因是唐玄宗宠爱杨贵妃，你的观点如何？"这样问题的设计，使课堂气氛活跃，学生争相发言，阐述自己的观点。在活动中交流合作，他们的思想和观点在相互碰撞下擦出灿烂的思维火花。

二、运用教育教学多媒体手段，再现历史情景

历史学科具有时间、时空、人物的特定场景，教师应有意识地引入具有一定情绪色彩、形象具体的历史场景，让学生有切身的体验与感悟。在教学中为学生精心设计一个个鲜活的历史舞台，让学生身临其境，感受历史。把学生带入历史氛围之中，体验历史情感，认识历史本质。

1. 利用历史电影片段，进入历史情景。例如在《鸦片战争》的教学中，利用影片《林则徐》片段导入新课，通过虎门销烟的中英双方反应的对比，调动学生的学习热情和求知欲望，让学生走入创设的历史情景，感受历史事件的过程。当学生看完影视资料时，已经融入历史情景中，然后让学生进一步探究，教师进行适当引导，学生进而形成自己的知识、观点、态度、情感。

2. 播放音乐，渲染历史情景。音乐是诉诸人的听觉、启动人的联想和想象的一门艺术。通过对音乐有组织的安排构成艺术形象，反映社会生活，表达人的思想感情。同时，音乐是作曲家心灵的倾诉、情感的流淌，所以音乐最能调动人的情感、抚慰人的心灵，渲染情景，创造气氛。音乐是用来表达人们的思想感情的，都是在当时的历史背景下创作出来的，具有时代的气息。

3. 以生动的语言，描绘历史情景。教学是门语言的艺术。教学必须依靠教学语言来实施，如果离开了教学语言，就不能创设教学情景，即使有了某种情景，也不能发挥教学作用，不能实现情景的价值，所以说教学语言是创设教学情景的基础。随着年龄的增长，学生的思维能力逐渐增强，如果只靠直观性的教学情景，则容易使教学简单化、表面化，不利于学生抽象思维的培养与训练，也不能激发学生强烈的求知欲，满足不了学生对真善美更高层次的追求。

4. 以游戏体会历史情景。学生参与教学活动，要学生展现历史内容，要每一个学生去思考、去准备、去亲身体验，这样可加深学生对知识的理解，激发他们不断追求新知识的欲望，增强他们学习的信心。我会建议他们去看一些有意思的书籍，或者推荐他们去玩一些有内涵的电脑游戏。例如，我最喜欢的游戏"大航海时代"，这个游戏就充分反映了新航路开辟时东西方的政治经济情况，学生还可从中学到大量的地理和航海知识，而且时间也不是很长。当然，还有许多很好的游戏，如反映三国时代的历史游戏"三国志"，以及西方文明发展史的"文明"系列。如果学生能从有益的游戏中学到知识，有了良好的生

活观和世界观，那自然就能保持他们积极向上的态度。

　　教育是充满感情、充满爱的事业，没有感情的教育是苍白无力的教育。单纯的知识传授不能造就一代有理想、有道德、有文化、有纪律的人才。情境教育的好处是把教材教活了，把课堂教活了，把学生教活了，把教学过程的育人功能充分地体现出来，因此"情境教学—情境教育"是对素质教育的一种有效的探索。教学是一门艺术，对艺术的探索是永无止境的。相信经过不断的尝试和革新，情境教学法将会有更多的突破，更好地运用它将会给历史教学注入持久的活力。

与学子有效沟通初中语文
期末复习方法实践初探

深圳市盐田区云海学校　张健婷

语文学习园地是一个精神文化交流的阵地，如果教师不带着学生复习，学生会无所适从。经历近3年的初中语文教学实践，在现实的探索思考中，我逐渐形成了能给学生提供支架的复习计划和方法。总结如下：

一、化整为零的复习法

以古诗词的复习为例，如果一学期离期末考试只有三四周，早读即使只有20分钟（我所在的学校早读时间），也应是带着复习任务和学习目标去利用的。那么早读可以优先拿来复习和测试古诗词（根据学情，一个早读可以默写3首或4首），通过默写整首古诗词，帮助学生过关。古诗词默写为了防止出现错别字，需要提醒学生在对比中、理解中强化记忆。除了古诗词，第3单元和第6单元的文言文也有必要利用早读时间小测语文教材的课后注释和重点句子翻译。

二、积累强化，错题整理

单元测试和模拟考后，学生积累的属于自己的错题，也应该在期末考试前当作复习重点，甚至个别典型错题也有必要拿来重看、重做。教师下发的语文复习资料，要求学生除了整体感知和记号笔做记号外，最好指导学生按照考试题型和顺序，整理出易错知识点，如选择题第一题考查拼音和字形，那么学生可以把自己易错的拼音和字形抄录到笔记本上。以此类推，期末备考前的每个晚上都可以做这个积累作业。如果能够这样坚持，那么这个积累到了备战中考时将是一笔很厚重的财富。

三、思维导图在期末复习阶段的有效利用

思维导图能够有效提升记忆能力，用直观形象的图表突显一个人内在的思维逻辑流程，思维导图集颜值和内涵于一体。我带着学生做了很多现代文阅读练习，仍有部分学生除了不能理解文本深层含义外，也没办法熟练掌握各个考点的阅读答题技巧。因此，高效记忆现代文答题技巧就显得尤为重要。

比如，作为深圳中考语文必考题型的赏析句子，学生看到这类题型不知如何下手，教师帮助学生梳理后，可以让学生以思维导图的方式再次整理赏析句子的五种答题方法，分别从修辞、描写、表现手法、句式、词性这五个角度来赏析。同样，描写又细分为两类：人物描写和景物描写。人物描写又细分为外貌、语言、动作、心理、神态描写和细节描写。景物描写又细分为自然环境描写和社会环境描写。自然环境描写的作用又分为五个。如果这些现代文阅读的知识理论通过文字呈现的话内容庞杂繁多，但是通过思维导图知识树的方式就便于学生记清脉络和框架，便于对知识的整体把握，避免混淆错乱。

与此同时，为了提升期末复习的针对性和有效性，现代文答题技巧也有必要通过小测督促学生强化记忆，教师批改后及时反馈。

四、作文修改的升格强化

都说"好作文是改出来的"，我也很认同这句话。尽管期末考试前复习节奏快、紧张，但也有必要在课上利用一节课进行作文限时训练，学生写完后及时批改评讲，再让学生进行二次修改。二次修改的过程是一个艰难却又能实现蜕变的过程，方式可以是小组互评、同学互评并写评语，也可以是教师评。通过对比分析，在发现亮点的同时，指出改进方法和提升方向。作文升格的过程，我是允许学生借鉴创新作文等作文书的，还可以翻看自己的摘抄本，让整理的素材发挥作用，仿写、续写的过程在某种程度上来说也提升了学生的再创造能力和思维的发散性。

众所周知，写作能力的提升并非一蹴而就的，一篇学生习作600字，呈现的

或许是一个学生曾经走过的路、读过的书，过往的积累均蕴含其中。如果我们和学生一样都做那个经常读书的人，在别人的写作中学会写作，并在自己的写作中（教师可以多写下水作文和同题作文）教学生写作，那么一有写作机缘，灵感便会像汩汩泉水倾泻而出，一泻千里。

五、智慧美篇，因你而美

我们在平日上课的过程中，学生做对应练习还是会犯一些细节错误，系统的知识点总结仍然难以应对千变万化的练习，那么就说明系统的知识并不"系统"，仍存漏洞。与此同时，为了避免学生的漏洞向累积化方向发展，针对线下学习的局限性，我会在查询相关资料后通过美篇App整理学生手头复习资料上没有呈现的基础知识，特别是初中生应该掌握的易混淆和易错知识点。如在初二学段，基于学生对语法部分掌握薄弱的情况，我整理了常用词词性——动词、形容词、介词的区别，也把标点符号中常用的破折号和省略号的用法尽可能详细地做整理归纳，便于学生后期系统地复习，巩固基础知识，也便于学困生的查漏补缺。所以，线下学习和线上资料补充学习相辅相成，相得益彰。

在一定程度上，线上学习也弥补了线下学习的不足，因为对某一知识点掌握不牢的同学可以反复回看美篇里相关知识的梳理。

每一次尝试，都是灵感闪现的表达；每一次创造，都有惊喜般的收获；每一次超越，也是时间对自己的馈赠。

以上是个人实践探索的一点点心得，以此共勉。

有效沟通理念引领下的初中生
领略历史课堂中的情感教育

深圳市龙华区玉龙学校　杨 光

历史课，由于学科自身的特点，核心素养就是培养学生的家国情怀，落实立德树人的目标，情感态度价值观的教育就显得尤为重要。因为历史教材的内容比较局限，所以对学生的情感态度价值观的培养可以从两个方面进行：一是历史课堂教学；二是历史课外教学。在历史教育过程中，这两种方法要综合运用。同时，课堂上教师要依据历史内容，创建历史情境，从而引导学生体验历史，进而使学生树立正确的情感态度与价值观。

一、有意识地创设情境

我在讲授人教版初二历史上册《鸦片战争》这一课的内容时，通过英国伦敦的蜡像馆陈列着林则徐的人物蜡像，最后在投标选举时，林则徐的蜡像被选为长期陈列的人物蜡像这个故事来导入。学生通过这个故事可以进行深入思考与讨论："英国人了解林则徐吗""林则徐和英国人有什么关系""作为侵略者的英国人，他们到底崇拜林则徐什么"等一系列问题，这个例子的应用可以极大地激发学生的内在情感，从而愿意去挖掘这段历史背后更深层次的原因。通过学生的自主学习、合作探究，每个小组都能形成关于本课知识的一个框架脉络，为我们后续的课堂学习奠定一个很好的基础。同时感受到历史人物的人格魅力和伟大的民族气节，并使学生内心受到触动，增强学生的爱国主义情感，并培养学生分析问题和解决问题的能力。

二、抓住体现个人价值的人生契机

历史课堂是教师引导学生形成积极向上的人生价值观的有效阵地之一，但这一过程要采用合理的方法与手段进行引导，如和学生讨论为国家做贡献的问题，教师要通过讨论内容体现出个人价值，这种讨论可以激发学生的兴趣，吸引学生的注意力，从而使学生形成追求上进的思想品质，进而实现自己的人生目标。

例如讲授初一历史上册《秦汉的民族关系》一课时，当中有"昭君出塞"这一内容，我让学生思考"昭君和亲的历史作用"，并给学生一些提示，让学生从历史作用与个人价值两个方面进行思维扩展。这样的方式可以拓宽学生的思维，使学生的想象力更加宽阔，从而意识到王昭君的举动为国家做出了很大的贡献，不但体现个人的价值，也留下了千古芳名。使学生明白，一个人的成功，机遇只是契机，更重要的是自身的学识。

"以史为鉴，可以知兴替。"历史与现实从来都不是割裂的，学生的社会责任感、民族文化认同感以及国家归属感的培养都需要对民族历史的理解，从历史事件中得到启发和教训，从而形成正确的价值判断，这样才有利于学生在以后的社会生活中更好地立足和发挥自己的价值。所以，在历史教学中，培养学生的情感态度与价值观起关键作用，影响着学生的学习能力与社会实践能力。在教学中，坚持"生活为源、发展为本"的理念，让学生的生活变得丰富，让学生的生命得到自然展现，教育的本质力量才能得到完全释放。

教师培养学生与家长有效沟通
班级管理自律的途径

深圳市盐田区外国语学校　席红晶

学校教育在学生的整体教育中扮演最重要的角色，不仅要向学生传授专业的学科知识，而且要教育学生树立正确的道德观，锻炼学生拥有健康的体魄，拥有正确的审美观、必备的劳动技能等。在新样态教育理念指导下，教师在教会学生丰富知识的同时，也有义务教会他们如何与家长沟通。

作为班主任，经常有学生和我抱怨说家长特别唠叨，不理解他，给他的压力很大，制订了很多计划、目标，让他十分困扰。

一、学生与家长沟通的方式

教师要教会学生，与家长沟通时首先要注意自己的态度、语气。要让学生懂得：你沟通的对象是你的长辈、你的家长，首先要做到最基本的要求。俗话说，良好的开端是成功的一半。相互尊重、平等的交流，良好的沟通氛围是实现有效沟通的前提条件。

要事先想好怎样与家长沟通，诉求是什么，为什么要提出这样的诉求，诉求是否合理，这些都决定了沟通的结果。

用恰当的方式来表达自己的诉求。经常有学生找我说：家长完全不让我接触手机。我给学生的建议是根据家长的规定，可以提出合理的诉求。比如，在完成作业的前提下，周末可以使用手机。前提是与家长约定好使用的时间。同时还给学生提供一些放松方法，如散步、与同学小聚、与家长爬山、听音乐、看电视等。当然，这些活动要在家长知晓的情况下进行。如果孩子的活动不在家长的监督范围之内，家长会无限放大不安情绪，孩子们的合理诉求是没办法实现的。

二、鼓励学生参与班级的管理工作

一名令人敬畏的班主任在教育过程中，固然可以达到震慑学生、教育学生的效果，但是师生间缺乏有效的沟通，所有的教育问题也许将"治标不治本"。行走在学生的心尖上，做足学生的功课。美好的创意让学生尽情表达自我，为班级建言献策；美好的创意让师生敞开心扉，沟通无限，温暖绵延。[①]

1. 其实大多数的学生是很喜欢参加集体活动的，因为他们渴望被认同。但是个别家长认为参加集体活动会占用孩子的学习时间。所以我先跟学生沟通，确定他们的真实想法后，与家长沟通。将来孩子们走向工作岗位，永远都是综合素养高的孩子发展得最好。所以跟家长讲清楚利弊后，家长们也会配合学校的各项工作。学生在活动中锻炼了自己的组织能力、与人沟通的能力，培养了大局意识，知道了取舍，学会了换位思考，在集体活动中实现自己的价值，凸显了自己的优势，因此在后面的班级活动中也能做到自主管理，不需要教师和家长过多的提醒。

2. 在起始年级，多发挥学生的主人翁意识参与班级管理。比如，让学生自主设计班服、班徽；班干部竞聘上岗、轮岗；班会课由学生轮值；为班级良性发展提建议等。让更多的学生参与班级的管理工作。这些活动的开展培养了学生的主人翁意识，让学生感受到自己是集体的一员，有责任、有义务使集体发展得更好。通过开展的各项活动，使集体更加团结，凝聚力倍增。

美国作家安奈特·L.布鲁肖在《给教师的101条建议》中说过："每个学生都是一个独立的个性，拥有独特的天赋、技巧、优点和梦想。"所以我们对孩子的评价不能只局限在孩子的成绩。我们应该着眼于孩子们未来的发展、全面

---

① 陈海滨，徐丽华.优秀班主任60个管理创意［M］.上海：华东师范大学出版社，2013：65.

的发展，成为学生锻造性格、养成气质、发展心智的强大助力。[1]教师作为孩子与家长沟通的重要黏合剂，肩负着重要使命。只要心中有爱，只要认真思考，一定能找到适合自己的方法，引导着孩子与家长关系和谐融洽，实现有效沟通。

① 陈海滨，徐丽华.优秀班主任60个管理创意［M］.上海：华东师范大学出版社，2013：89.

"以学定教"，提高课堂教学质效

深圳市大鹏新区南澳中学　李　沁

　　教学即师教生学。教师的教是为了学生能够更好地学，教的主旨在于服务学，教要能够促进学，教的最终目的是实现不教。教学提倡以学生为中心，以学生学为主线，以具体学情作为依据，以获得为要点，以发展思维作为最终目的。教学要从"主要依靠教"走向"主要依靠学"。

　　教学重在激发学生学习的兴趣与动力，重在让每一个学生都真正发生学习（专注、刻苦、自觉、长时间）行为，重在让学生学会学习与创新。在八年级地理上册《中国的地形》一课中，学生要能够运用中国地形图概括我国地形、地势的主要特征。

　　这节课通过多媒体辅助结合板图板画的运用，学生分小组合作，通过读图、析图、填图等多种形式的识图相关活动，激发他们学习的自主性，获得与中国地形有关的知识。培养学生分析地理事物与人类生产生活关系的能力，树立因地制宜的观点。

　　第一部分，学习中国纵横交错的山脉时，学生先在多媒体的引导下，在教材中找出五种走向的山脉名称和分布，边找边记，并用不同的画线方法在图中勾画出来。初步形成关于山脉分布的地图空间概念。再通过歌诀记忆："三撇三横一弧形，兴安太行巫雪峰；长白武夷夹在中，台湾山脉它在东；天山阴山北连横，昆仑秦岭横居中；南岭喜马南卧龙，珠峰傲立中尼境。"而后引导学生找出歌诀中未涉及的南北走向的贺兰山脉和横断山脉，以及西北—东南走向的阿尔泰山脉、祁连山脉。最后，学生利用《地理填充图册》在"中国山脉分布"图中填出我国的主要山脉，从而强化学生的填图、认图能力。通过自主学习，掌握了主要的山脉。

第二部分，地形复杂多样。选取能够代表我国的四大高原、四大盆地、三大平原的图片，并附上相应的文字描述，采取小组积分制，小组代表竞答具体的地形区名称来获取相应的小组积分。随后，利用小卡片展示山脉和两侧的地形区，前后桌两人相互考查，一人提出某个山脉分界线，另一人回答其两侧的地形区名称，从而达到结合山脉强化对地形具体记忆的目的。

第三部分，山区面积广大。多媒体课件展出"中国地形类型构成图"，学生通过小组合作探究：1.我国地形有几种类型？2.某一种地形类型所占比重是多少？所占比重最大的地形类型是哪种？3.我国的地形分布有何特征？学生读图分析回答。教师做总结。这节课的内容分了两个课时，着重于运用地图引导学生分析总结我国的地形、地势特征，通过利用地形剖面图，能够更加形象直观，便于学生理解。课程与学生的活动紧密结合，注重引导学生通过自主学习获取知识，给予时间让学生落实观察、分析、探究、展示，最后能在读图、填图、填表的过程中逐渐掌握本课的知识点。但因时间较为紧迫，学生个体之间也有程度不等的差异，在以后的教学过程中还要注意分层。

在日后的教学中要尊重差异，促进个性化学习；教学要利用差异，加强小组合作学习。教学要聚焦学科素养，强化生活素养，发展全面素养，突出核心素养（必备品格与关键能力）。同时，联系具体生活实际，让学生学习对生活有用的地理。

有感于《戊戌变法人物》的教法学法随想

梅沙双语学校　　史庆英

前段时间讲授清末戊戌变法时，讲到领导人物康有为、梁启超，便在网上和一位师兄探讨他们的功过。师兄却意外地谈及梁启超先生的家庭教育。因为职业，同时也为了让历史课堂变得生动起来，常给学生讲一些书本上体现不出来的拓展知识点，于是便找来师兄推荐的书籍研究了一番，果然受益匪浅。

在清末新旧交替的时代，梁启超先生养育了九个子女，九个子女个个成才。他的大儿子梁思成是众人皆知的建筑学家，与林徽因的婚姻更是成为一段佳话；长女梁思顺，诗词研究专家；次子梁思永，考古学家；三子梁思忠，因病早逝，生前曾任国民党十九军上校军官；次女梁思庄，图书馆学家；四子梁思达，经济学家；三女梁思懿，社会活动家；四女梁思宁，投奔新四军参加革命；五子梁思礼，航天专家。九个子女中三个院士：梁思成、梁思永和梁思礼。真可谓龙生九子皆俊彦。

记得有一次，班主任送一对父子到我的办公室。孩子正是处于青春期的年纪，叛逆的性格、桀骜不驯的眼神；父亲一看就是为生活疲于奔命的劳动人民，带着一丝被班主任喊过来处理孩子问题的愧疚神色。经询问，孩子成绩一塌糊涂，最近几次三番和同学寻衅闹事，这与当时学校的和谐共处、文明礼仪教育格格不入，班主任管教多次效果不大，于是送到我这里。我请家长和孩子坐下，不用紧张。说实话，我本人对那些长篇大论的劝说也比较反感，只是和他们聊天似的问了一些问题。通过交谈，我已然明了孩子在家庭教育方面果然是一片空白。父亲白天上班，晚上兼职，没有时间关注孩子的学习。早上孩子坐校车来学校，下午坐校车回家，父亲是不在家的，随便吃点东西就开始东逛西逛，常去网吧。说实话，我没有什么神丹妙药，只是建议父亲如果不兼职能保证他们两个生活和按时交房租的话，还是多抽点时间陪孩子在家完成家庭作业，陪孩子学习，同时一起劳动，收拾卫生、做饭、出去散步、周末一起去活动等。

而综观梁启超一生曲折从政，几次奔往于世界各地，真可谓是奔波忙碌，但是他却对九个孩子的家庭教育、德育教育从不放松，近则面教，远则书信。

书上说，梁启超从祖父和父亲那里秉承了以"义理""名节"为立足之本的家风家教，特别强调道德修养、精神陶冶和人格教育。区别于祖父和父亲的是，他又赶上了西风东渐的时代，眼界和心胸都大大地扩展了。西方近现代教育所倡导的科学、民主、平等、自由和尊重个性、启发式教育等理念让他看到了开启民智、改造国民、培育新人的可能。他教育子女的方式和理念，也带有亦中亦西、中西合璧的特点。梁启超作为孩子们的良师益友，不仅关心他们的学业、工作、生活、健康，更对他们的品性、为人、立身、处世给予细致入微的指导。目的就是教育他们学做人，学做一个现代人，处理好智识和做人的关系。他说："人类的心理有知、情、意三部分，这三部分圆满发达的状态，我们先哲名之为三达德——智、仁、勇。为什么叫'达德'呢？因为这三件事是人类普遍的道德标准，总要三件具备才能成为一个人。三件的完成状态怎么样呢？孔子说：'知者不惑、仁者无忧、勇者不惧。'所以教育应分为知育、情育、意育三个方面，即现在讲的智育、德育、体育。德育太笼统，体育太狭隘——知育要教人不惑，情育要教人不忧，意育要教人不惧。教育家教学生，应该以这三件为究竟，我们自动地自己教育自己，也应该以这三件为究竟。"

我20岁那年，父亲因急病突然去世。从初中、高中到大学，与父亲聚少离多的日子里，很少能从我务农的父亲那里学到什么，但是父亲以身作则教给我的做人的朴实，传统的孝道、悲天悯人的善良却刻入骨子里。记得每年的清明节，父亲总是挎着竹篮，盛放着馒头烟酒水果去给去世的爷爷奶奶上坟，在坟前边烧纸钱边哭诉没让他们过上好日子。也记得时不时有讨饭的老人背着编织袋挂着棍子站在我家大门口讨饭，父亲会让我把那个唯一没有被蒸汽蒸湿、模样最好最大的馒头拿给老人的善良样子。因为父亲的言传身教，长大后的我在大一放寒假的时候，用奖学金在我求学的城市买了新鲜烤鸭，想着这个父亲断没有吃过，于是问商家如何保持温度，如何经几个小时味道不变。长途车转中巴，中巴转小三轮，辗转地带回家。在县城等公交车的时候又看到烤红薯，这个父亲也最喜欢吃，买了两块，怕凉了不好吃，用纸包了几层还不放心，又揣进自己的棉袄里保温……如今，父亲去世已16年，我在工作和生活中踏踏实实、兢兢业业的作风，和父亲的朴实教育是分不开的，每每想起便心存感激和怀念。

构建探究式初中生物教学课堂的学法策略探析

深圳市盐田区外国语学校　林建新

在初中生物教学当中，探究式教学的应用，使学生的创新思维以及实践能力都有了很大的提升，从而不断提高了初中生物教学质量。因此，在初中生物教学中，教师要重视探究式教学在生物教学课堂中的应用，并放开手脚，让学生自主对教材当中的知识进行探究，以此不断加快建设探究式教学课堂的步伐。下面，我将结合自身的教学经验，对构建探究式初中生物教学课堂的策略进行一番阐述和说明。

一、设计探究式的导入

在初中生物教学当中，一个良好而又引人注意的问题可以瞬间抓住学生的眼球，并提高学生探索教材当中新知识的欲望。因此，在初中生物教学中，教师要积极为学生设计一些引人入胜的问题，并以此为学生设计探究式的导入。这样不仅可以牢牢吸引学生的注意力，还可以提高学生对教材中新知识的好奇心。

以《腔肠动物和扁形动物》一课为例，一上课，我没有直接为学生讲述教材中的内容，而是先向学生提出了以下问题："同学们，你们知道被人们称为'海中之花'的生物是什么吗？"并为学生出示了与此有关的图片。然后，我引导学生结合图片进行了回答，即海葵，并结合学生的回答说道："同学们，你们知道吗？海葵虽然看起来宛如美丽的花朵，被人们称为'海中之花'，但是海葵却不是植物，而是动物，那么海葵属于什么动物呢？它们的形态以及结构特征是怎样的呢？它们又是如何进食的呢？现在，就让我们走进'腔肠动物

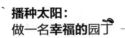

和扁形动物'，共同探究一下本节课的有关知识吧。"这样，教师通过为学生设计探究式的导入，不仅牢牢吸引了学生的注意力，还提高了学生对教材中新知识的好奇心。

二、创设探究式的情境

在初中生物教学中，创设探究式的教学情境是实现构建探究式生物课堂目标的有效途径之一，可以突出学生的主体地位，并提高学生的探索欲。因此，在初中生物教学中，教师要重视探究式情境的创设，这样不仅可以让学生成为生物教学课堂的主角，还可以促进师生之间的互动与交流。

以《社会行为》为例，在讲述教材内容时，我先根据本节课将要讲述的内容，向学生提出了以下问题：①什么是社会行为？②社会行为有什么特征？③社会行为有什么意义？并为学生出示了与上述问题有关的视频以及图片资料。然后，我让学生结合教材中的内容，以及课件中的有关资料，对上述问题进行了探究。接着，我挑选几名学生代表，让他们讲述自己的探究结果，并让其余学生进行补充，以此不断加深学生对社会行为概念的认识。之后，我让学生结合教材中的内容，对与群体中的信息交流有关的知识进行探究与分析，并让学生比较人类和动物的社会行为的异同之处，从而不断巩固学生本节课掌握的知识。这样，教师通过为学生创设探究式情境，不仅使学生成为生物教学课堂的主角，还促进了师生之间的互动与交流。

三、组织探究式的实验

实验教学在初中生物教学中发挥着极大的教学作用，可以加深学生对教材中生物知识的理解，从而不断提高学生获得生物知识的效率。因此，在初中生物教学中，教师可以为学生设计探究式的实验，这样不仅可以提高学生的生物学习水平，还可以让学生意识到生物实验教学的重要性。

以《真菌》一课为例，在讲述教材内容时，我向学生提出了以下问题：什么是真菌？真菌具有什么样的结构呢？在此基础上，我为学生组织了探究真菌结构的实验：我先让学生根据此次实验的目的，以及我提供的实验材料，在小组内设计本组的实验方案。然后，我对小组学生设计的方案进行完善，并让小组学生根据本组的方案进行了实验，观察酵母菌以及霉菌的结构。在学生观察结束之后，我向学生提出了以下问题：酵母菌的细胞结构有什么特点？青霉孢子的颜色和着生状态有什么特点？并让学生结合自己的观察，总结真菌细胞的特点，使学生知道真菌和动植物都属于真核生物。接着，我根据学生对青霉菌的观察结果，为学生讲述了与菌丝有关的知识。最后，我根据教材的内容，为学生组织了制作孢子印的活动，并结合上述活动为学生讲述真菌的繁殖方式，以此降低学生掌握本节课知识的难度。这样，教师通过为学生组织探究式实验，不仅提高了学生的生物学习水平，还使学生意识到了生物实验教学的重要性。

总而言之，在初中生物教学中，构建探究式的生物教学课堂不是一朝一夕、轻轻松松就能完成的工作，需要教师与学生共同参与到生物教学课堂中，并共同努力，积极发挥各自的教学作用，从而不断促进探究式教学理念的渗透。

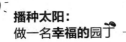

关于学困生作业拖延的几点思考与应对策略

龙岗区龙城高级中学（教育集团）宝龙外国语学校　罗雅茹

这一学年，我又接触初一的学生了，距离上一次接触初一的学生已经有5年的时间了。这一年接初一，状况频出，感慨良多。

作为一名初一的班主任及语文教师，我深知做好小初衔接至关重要。因此，我利用班会课及自己的学科课堂做学生的心理建设。在教学上尽量缓步行进，放慢讲课速度，以便学生更好地适应初中教学模式，避免学生出现较大的抗拒心理。

尽管这样，学科增多、作业量增加还是让学生一下子有点手足无措。因为小学时就存在不良的写作业习惯，导致班上一部分学生每天晚上的作业都要写到十一二点。长此以往，学生睡眠不足，上课精神状态不佳，学习效率不高，学习进入恶性循环。家长无奈，亲子关系紧张。

向我倒苦水的家长多了，我开始观察这一部分孩子，发现他们有一些共同点：

反应较慢。这类孩子反应速度比一般的孩子要慢，专注力不够，精神很难集中，但表面上又没有其他的动作，很不引人注意。但等发现并叫他的时候，他才会从"梦中"惊醒。

时间管理能力不足。这类孩子比较死脑筋，若是作业或考试时遇到难题，不会灵活解决，会跟难题死磕，因此考试时会存在写不完试卷的问题。晚上写作业容易被"卡"住，在一些题目上浪费的时间过多。

性格较内向、自卑、敏感。这类孩子不愿意表现自己，在内心深处否定自己，觉得自己处处不如人，心情起伏较大，容易不开心。遇到问题也很少向别人求助，害怕被教师关注。在校表现较为乖巧、顺从，很少忤逆教师，但在家有时会与家长起冲突。

如何完善这类学生的性格，帮助他们学习，成了困扰我的一个难题。上学期期末复习的时候，还有家长反映有个学生在家写作业时出现自言自语、自我谩骂、自我怀疑的现象。家长很害怕，因而向我求助。我想，若是学习让学生心理出现了问题，学习成绩再好又有什么用呢？但这类学生乖巧懂事，知道学习的重要性，又无法放弃学习。因此，我们只能从改进学生的学习方法、缓解他们的学习压力入手，把他们从学习的"恶性循环"中解救出来，帮助他们找到真正适合自己的学习方法，让他们获得学习的成就感，树立自信，对学习抱有希望。我开始从以下三个方面着手：

与家长沟通。让他们关注学生在家写作业的状态，记录下每科作业时长，保证学生每天的睡眠时间，避免打"疲劳战"。再根据他们所记录的时长进行分析，找出不合理的地方，进行整改。

与科任教师沟通。对这类学生我们应放低要求，避免重复性大量地抄写作业，应真正根据学生的实际学习水平，单独布置作业，保证每次作业都能让学生学有所获。

对待这类学生应以鼓励为主，帮助学生树立自信心；避免谩骂，以免学生自暴自弃。在学生出现问题的时候，应耐心地教导，不能"一刀切"，应帮助学生找到问题所在，指导他们解决问题。

与学生本人沟通。选择一处安静的角落，与学生进行谈话，引导学生说出自身困惑，对他们表示理解，怀有期待，并委婉地指出他们存在的问题，指导他们如何改善。

当然，我们不能指望一次重视、一次沟通就解决问题，少年期是心理最复杂、冲突最多的时期，我们必须时时关注三方反馈，多多改进方式，才能使学生脱离困顿，轻松上阵，在学习上找到成就感。

苏霍姆林斯基指出："一向使教育者感到不安的是，大多数棘手的、困难的问题都同教育少年有关。少年时期被称为'困难的'年龄时期，这并不是偶然的。"初中阶段是学生成长最快、变化最大的时期，也是心理最复杂、冲突最多的时期。所以作为教育者的我们，必须要有智慧地去发现问题、分析问题，并解决问题。

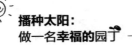
浅谈开学后的数学教学的学法和教法

深圳市大鹏新区南澳中学　吴巧莉

我们经历了史无前例的寒假，开学后我们开始对之前线上所学章节进行地毯式复习。本次复习跟我们之前的常规复习有所不同，又跟我们直接讲新课也有不同。为了避免学生感觉单调无趣，还要避免优生觉得教师过度重复、学习的内容过分简单，更要避免线上没有认真学的同学再一次掉队而产生自卑或者自暴自弃的想法，所以本次复习一定要非常用心，一定要让各类学生尽量参与。下面我用最近复习的《简单的轴对称图形》第2课时来举例说明。

这一节课是学习简单的轴对称图形中的线段，重点是研究线段的垂直平分线的性质，难点是线段垂直平分线的应用。我设置了如下几个探究环节。

探究活动一：感受线段垂直平分线，研究线段垂直平分线的性质。

环节一：请学生说明什么是线段的垂直平分线，垂直平分线的性质是什么。（目的：能说出来的同学肯定是线上学习认真的同学，借此机会鼓励先进）

环节二：通过折纸来感受线段的垂直平分线并研究出平分线的性质。（目的：弥补线上教学不能面对面互动的缺点，让所有学生都参与到课堂中来）

环节三：将垂直平分线的性质用数学语言写出来。（目的：为后面利用性质解决问题做准备）

探究活动二：用尺规做图，做出已知线段的垂直平分线。

环节一：根据教师的指引一步步做出已知线段的垂直平分线。（目的：培养学生的动手能力，并且展示学困生的成果，以达到鼓励刺激的作用）

环节二：探究尺规做垂直平分线的数学原理。（目的：回顾全等三角形的知识，让学生感受数学知识的连贯性和逻辑性）

探究活动三：应用垂直平分线的性质解决问题。

环节一：经典例题一。

在△ABC中，BC=10厘米，边BC的垂直平分线分别交AB、BC于点E、D，BE=6，求△BCE的周长。

环节二：经典练习题。

在△ABC中，BC=10厘米，AB的垂直平分线分别交AB、BC于点D、E，AC的垂直平分线分别交AC、BC于点F、G，则△BCE的周长为_____。

探究活动四：将军饮马模型的探索。

（目的：研究两条线段和的最小值问题，利用了垂直平分线的性质，也利用了两点之间线段最短的性质。这个知识点较难，主要是为培优和拓展做准备）

本节内容的学习包括大量的动手操作实践活动、学生空间观念的培养和推理能力的发展。因此，教学中充分利用这部分内容的特点，按照学生的认识规律，遵循教师为主导、学生为主体，采用观察测量、动手操作、探究验证的学习方法。教学中，我精心设计了一个又一个带有启发性和思考性的问题，创设问题情境，诱导学生思考、操作，教师适时地演示，并用多媒体化静为动，激发学生探求知识的欲望，逐步推导归纳，得出结论，从而培养学生的思维能力。使学生体会所学内容与现实世界的广泛联系，体验轴对称的数学内涵，发展良好的空间观念，培养学生的合作探究精神。

开学以来，我经常采用这种有层次的、多互动的教学方式。经过近三周的观察，我发现学生的复习效果还是非常好的。我还会继续研究好的教法，争取早日弥补学生线上学习的不足之处。

突破学法难点，需结合具体语境

——以《童年的发现》为例

龙岗区东兴外国语学校　赵建东

　　2011年版的《义务教育语文课程标准》指出："语文课程是一门学习语言文字运用的综合性、实践性课程。"这句话是整个新课标的核心和灵魂。王崧舟也认为，"语言文字运用"才是语文课的安身立命所在，才是语文课的独当之任。在语文教学中，遇到难点应该如何突破呢？首先应该引导学生细读文本，结合具体的语境。

　　在部编版五年级下册语文教材中，有《童年的发现》一文。文中有这样一段话："我渴望弄明白，人究竟是怎么来的。我想得是那样痴迷，以至于从河里抓到一条鱼，我都会翻来覆去地看个仔细，恨不得从鱼身上发现将来的人应该具有的某些特征。"对这两句话，很多同学只能理解到当时作者对问题太痴迷了，所以抓到一条鱼也去探究，至于为什么要举这样的例子，学生却说不清楚。这时我引导学生再读这句话，注意哪些词语应该重读，于是学生找到了"以至于……都……"这个关联词应该重读。然后我再范读这个句子，并以夸张的语气重读这个关联词，问学生作者想得那样痴迷，如果从河边抓到一只青蛙会怎么探究呢？如果从树上捉到一只鸟会怎么探究呢？看到家里的羊会怎么探究呢？看到动物园的猴子时又会怎么探究呢？学生纷纷回答之后，再回到这个句子中，学生顿时就理解了"以至于……都……"的含义。原来"以至于……都……"这个关联词的句子，营造了一个具体语境，在这个语境中，虽然作者没举青蛙、鸟、羊、猴子等例子，但事实上这些例子都已经隐含在这个具体的语境之中了。这样，学生才了解到作者对问题痴迷的程度，才了解作者是怎样探究"人究竟是怎么来的"这个问题的。这样就突破了教学的难点。

本篇课文还有一个难点，就是当"我忽然想起自己的发现，情不自禁地笑出了声音"时，教师为什么会"误解了我的笑声，以为我的笑不怀好意"，为什么会"狠狠地瞪了我一眼""气得脸色苍白"，把"我"赶出教室呢？

要引导学生理解这个难点，就需要注意本文的具体社会语境和文化语境。为了帮助学生突破这个难点，我首先介绍了本文的作者费奥多罗夫。他是俄国作家，出生于1873年。如果以7岁入学来算，作者上小学六年级应该是1886年。1886年，当时的俄国显然还是一个旧时代，思想也是比较落后的。然后我再引导学生读课文第14段的这句话："老师开始给我们上生物课。有一次，年轻的女教师板着面孔一本正经讲人的起源，讲人的发育和进化。"我提示学生，生物课的教师是一位"年轻的女教师"，讲的内容是"人的起源""人的发育和进化"，讲课的神情是"板着面孔一本正经"。这个时候大多数学生仍然不太理解。于是我就引导学生思考"人的起源""人的发育和进化"要讲哪些内容，于是学生纷纷说出要讲到生殖器官，要讲到受精卵，要讲到人的分娩，要讲到人的青春期变化等。这个时候，学生终于恍然大悟了，这些内容对于一个旧时代的年轻女教师来说是极其难为情的。而且对于六年级的学生来说，也是有些难为情的，所以当时的气氛是"教室里安静得出奇，大家都默不作声"。这个时候，让学生再读一下第14～19自然段的内容，学生一下子就明白了教师为什么"误解了我的笑声，以为我的笑不怀好意"，才明白了为什么"我的脸由于困窘和羞愧一下子涨得通红"。

语言文字运用的目的是传意，是基于具体语境的。离开了具体的语境，语言文字也就成了支离破碎的符号，没有了生命，无美丽可言。所以，我们必须在特定的语境中引导学生理解和运用语言。对于语文教学难点，必须回到具体的语境中，才能找到有效突破的方法。

缘起门生探阅读策略，助力爱徒赢阅读天下

——论如何提升英语阅读能力

深圳市盐田区外国语学校　杨秋蓉

阅读对于任何一个语言学科的重要性都是不言而喻的。对于第二语言学习者来说，阅读技巧的提升更为重要。因为离开了真实的语言环境，第二语言学习者更多地是依赖阅读作为语言输入方式的。所以在英语学科的学习上，阅读的地位显得更加突出。此外，对于中国初中学生来说，升学考试中阅读题的高分值也给提升阅读技巧增添了现实意义。接下来，我将从以下几个方面阐述如何打磨英语阅读能力：

一、垒好词汇基石

每一幢平地而起的万丈高楼都离不开坚固的基石。对于阅读能力来说，词汇无疑就是必备的基础。离开了词汇，对于篇章的理解就无从谈起。那应该如何科学高效地记忆词汇呢？

首先，熟练地掌握构词法的规律一定是必备的。比如派生构词法，即在词根上加后缀或前缀构成新词。学习者至少需掌握出现频率高的词缀，如表示否定意义的前缀un–/dis–/in–/im–/ir–/il–/non–等，再如，常见的名词后缀–er/–or/–ist/–al/–ity/–ion/–ce等。

构词法的掌握对于单个单词的识记有很大帮助，可英语里还有大量的短语表达和固定搭配，这些又该如何识记呢？有不少学习者在学习初期喜欢先研究短语里每个单词的意思，然后再把这些单词的意思连起来，尝试理解整个短语。我认为这是非常耗时的做法，而且有很多词块（lexical chunks）的意思并

不是由单个单词拼凑而成的。例如，pay a visit to/pay a ttention to/by the way/to be honest/make up one's mind等词，本身就是一个整体，学习者万不可切分开来理解，而应该以词块为整体，进行识记。

此外，词汇离开了具体的语境就失去了生命力。学习者要多结合具体的语境，体会词汇的不同用法，加深对词汇的理解。此外，为了检测学习者在语境中理解词汇意义这项能力，测试中也有对应的猜测词义题。举个例子：

Like other grasses，bamboo is <u>invasive</u>. It's hard for people to remove it from their gardens.

不看文本，很多学习者都无法理解invasive这个词。但结合生活常识，即草的侵入性很强，很难彻底清除，且后文也提到人们将竹子从花园里拔除。基本从语境中得到的这两点信息，我们很容易即可推测出invasive的意思是spread quickly and hard to stop。

二、扩充泛读量

作为英语教师，我发现大部分学生的英文阅读速度有待提高。当然，这跟学生的词汇量有一点关系。可是学生阅读速度慢存在于各个学龄段，这究竟是什么原因呢？通过观察大量教师的教学案例，我分析出这跟教师重视精读训练、轻视泛读训练有关。教师们把大量的心血放在了精读课堂，一般会花两个课时来仔细研究一篇课文，而在处理这篇课文前，多数时候还会把课文里的生僻词汇提前处理了。对于绝大部分学生来说，这篇文章已经完全在他们的理解范围内了，但教师们仍然要花大量时间来引导学生来进行skim-scan-read in detail等操作。另外，在第二课时，教师还要指导学生深入剖析文本，把重点词汇找出来。在这种模式下，学生已经适应了慢节奏阅读，且在阅读任何一篇文章时都会尝试寻找一些细节的东西拿来分析。这样的阅读模式就不单纯是以意义获取为目的了。这种状态下，大脑的负担加重了很多，阅读速度自然就慢下来了。

因此，我提倡在学习者有足够的词汇积累量的情况下，让他们接触与他们词汇量匹配度高的文章，这样才可以有效地提升阅读能力。

三、读写结合

在学习者已经有了一定阅读量的基础上，我建议学习者可以在读后进行写作训练，读写结合，既可以以读促写，也可以以写促读。离开了阅读输入，提升写作能力将无从谈起。而离开了写作训练，学生对于词汇、句子以及篇章的理解仍会停留在简单的意义获取的表面，无法进行深度的理解加工。会运用了，就一定是理解了、吃透了，所以以读促写也是提升阅读理解能力以及写作能力的有效措施。

那如何进行读写结合训练呢？广东外语外贸大学语言学教授王初明老师就给了一个非常好的范式，即读后续写。浙江省高考英语作文已经率先采取这种方式来全面考查学生的英语综合能力了。一般来说，在这项任务中，学生会阅读一篇不完整的故事，然后根据所给情节，使之构成一个完整的故事。学生首先要全面读懂故事，才能接着往下写。这对于阅读能力的检测比现在常规的阅读理解题有效多了。

四、结语

本文中，我初步探索了提升学生英语阅读能力的几种基本方法。首先，要垒好词汇基石，过好词汇关；其次，广泛阅读英语文章，以理解文章、获取意义为主要目的，而非单一地理解文中词汇；最后，以写促读也是后期学习者阅读能力跟上后的一种行之有效的方式。

聚焦学法，让学子爱上数学

深圳市盐田区田东中学　史　明

数学，一个从我们咿呀学语的时候就开始接触的基础学科。很多学生在高呼："我待数学如初恋，数学虐我千百遍。"如果某一天数学成了非必考科目，可能有千千万万的学生果断与数学分道扬镳，头也不回。但是，数学真的让人难以捉摸吗？数学真的深不可测吗？

其实数学是个很可爱的伙伴，我们每个人都能在与数学相处的过程中获得快乐，只要注意以下几点：

一、真诚倾听

如果我们结识了一个新的小伙伴，第一件事就是倾听，因为只有真诚倾听了小伙伴说的话、发表的意见，才能理解对方。数学这个小伙伴也是一样的，真诚地倾听，用心地理解。一旦死记硬背，而且即便能靠死记硬背定理、公式、解题方法等得到好成绩，也无法培养逻辑思维能力。在学习数学的过程中，遇到问题一味生搬硬套是最烂的一种方法，因为死记硬背会让学生养成逃避能力的毛病，认为就算不懂也没关系，只要记住就行。在培养数学逻辑思维的过程中，这个毛病会是一个非常大的障碍。因此，通过死记硬背学习数学是百害而无一利的。

当然，也并不意味着数学这个小伙伴的任何观点都可以不用记，理解新学的知识和已学的知识，主动思考，不去死记硬背才是学习数学的基础。面对新知识，如果你不想死记硬背，就要抓住其中的玄机，理解这个知识点的深层意义。如果能做到这一点，那么对你而言，数学就不只是知识，而是能让你受用

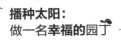

一生的智慧。

二、及时交流

既然学习数学的目的是解决各种未知的问题，那么只用常规方法解决常规问题就不会有所进步。我们应该做的是从常规性问题的解题方法中，总结出适用于任何问题的解决技巧和捷径，而这些重要的技巧和捷径很难通过定理、公式和解题方法加以表现，这也正是学习数学的难点所在。

实际上，很多教材、教辅中的答案，字里行间都隐藏着严密的思考过程，所以在阅读答案时，应该像读诗那样品读"字里行间"的意思，想象答题者是如何思考的，这一点很重要。

数学本身是有魔力的，它能让人不自觉地去思考并提出疑问："为什么？""为什么算式要这样变形？""为什么要在这里画辅助线？"

面对不断涌现的问题，你无须感到不安，对那些书中给出的法则提出疑问，就说明你找到了学习数学的关键。换言之，这些问题能让我们发现隐藏在解题过程中的数学式思维方法。如果你以前看到答案觉得不知其所云，认为靠自己永远也解不出来，那么现在只要勇于提出一系列"为什么"，相信总有一天会觉得"原来如此"。

三、重新咀嚼

假设有人突然要拜托你买猪肉、洋葱、胡萝卜、马铃薯、月桂、苹果还有蜂蜜，可你既没带便条，也没带手机，该如何记住这些东西呢？

但是，如果你知道这些东西都是做咖喱的材料，又会如何呢？做过咖喱的人通常都知道，做咖喱需要哪些材料（超市里的咖喱酱包装背面也有），基本上可以一项不漏地买回来。乍看之下毫不相关的食材，如果打上"咖喱材料"的标签，彼此之间就建立了联系，相信你一下子就能记住了。

学习也一样，自己觉得有意义的东西不容易忘记，那些自己完全不明白的事物，不管做多少次，转头就会忘掉。在学习新东西时，一定要先思考一下它的"意义"。就拿学习数学来说，你可以给每个定理、公式、解题方法都赋予新的定义，尽可能思考能否将新的知识点与其他已学的定理、解题方法联系起来。这样做不仅能帮助记忆，还能让你抓住知识点的本质。

四、我的定理和公式我做主

定理和公式在解题时用起来非常方便，但要知道，结果并不是最重要的。数学最重要的是过程，记住定理和公式虽然可以为你带来便利，但知道这些定理和公式从何而来才是最重要的。

初高中学习的定理和公式，凝聚了5000多年数学史中的精髓，可以说是各个时代数学天才们的智慧结晶。而这些智慧的本质，则潜藏在证明的过程中。

数学能力是一种逻辑思维能力，而逻辑思维能力也就是思考问题的能力。罗马不是一天建成的，数学问题也绝不是灵光一闪便能解决的。在解决未知的问题时，如果只是原地等待灵感突现，就一定会落空，只有一步一个脚印步步推进，才可能得到答案。

话虽如此，但我们仅凭自己的知识可能无法一下子找出答案，这时就需要借助过去数学天才们遗留下来的定理、公式、逻辑思维方法等慢慢积累。对我们而言，这些留下智慧结晶的天才无疑是最好的老师，那他们又是怎样思考得出这些定理和公式的呢？

当你通过认真研究这些已得出结论的定理和公式，独立完成证明，就会感觉自己变聪明了。这不是错觉，因为你确实已经掌握了一流的数学能力！

最后，与数学相处，需要带着真心理解它，它就会成为你的好伙伴、好恋人、好长辈。真情付出，才能得到数学的真爱。

那些年我工作中有效沟通走心德育的
"小九九"

深圳市盐田区外国语学校　杨大成

　　说起班主任工作，其实大家的感慨很多，也都感觉很累，每天一上班面对的是形形色色的学生问题和学校事务，面对的是学生处、教务处、后勤、食堂、安全办、团委等部门安排下来的大大小小的工作事务，甚至面对门卫和搞卫生的工作人员反映过来的问题。打包后一起压到班主任这儿，可想而知会给班主任带来的是什么样的反应，这就到了考验班主任工作态度的时候。

　　作为班主任的我，在这个时候，适时地调整工作心态显得格外重要。班主任的工作态度直接影响对学校各项工作的执行力，直接影响班级建设的力度和效果。直接影响到班级和个人的荣辱。所以我常常与内心那个打退堂鼓的自我进行战斗，说服自己："哎，怎么做都是做，为什么不做好呢？初中教育用不到太高深的理论支持，大成，只要你用心做就一定能做好的。反正眉毛上的汗水、眉毛下的泪水，你总得选一样。加油！"

　　这样坚持下来，对待学校事务的执行力的态度就转变了，抵触情绪就没有了，对待潜能的激励、引导就会到位的。心态决定成效嘛！

　　如果说工作态度居班主任工作首位，那么班主任的工作技巧则紧随其后。就好像我们的常规班会一样，开头总结一周的班级情况，然后是表扬和惩戒决定，甚至每周打电话到家长那儿通报惩戒决定，结尾是长篇大论的说教。

　　最近参加广东省中等电脑技术培训时，有幸结识了我们的助教龚西蓉老师，她的沟通方法让我深有感触，从她工作中的一些工作便条就可见一斑：

万水千山总是情，送你三分行不行，登录平台都是爱，想要分数跟我来。

鲜活生动的语言都会被她运用，她曾经解释这样做也是被逼出来的，因为纯粹技术型学习的人少之又少。所以她的课，她的沟通的小纸条内容要绝对有吸引力、影响力才能引起学员注意，以至于配合教师更好地修完自己的继续教育课程。

这样的思维方式用在工作上太给力了，用到班级管理上也会起到事半功倍的效果的。

我时常告诫自己，不能一成不变地看待学困生，坚决不能引起他们的破窗效应，否则会给自己、给班级带来无休止的麻烦和负面影响。所以要向我们的助教一样，改变自己的工作策略，吸引学生、影响学生，最后改变学生。我时常告诉我的学生，问题的关键不是现在犯了哪些错误，或者将大腿都拍红了再后悔做过的某事，而是如何将这些所谓的错误向好的方面转化！这句话用到班主任身上也同样受用，问题的关键不是班级出现了哪些问题，而是如何将这些所谓的问题和错误向好的方面转化！这方法的关键是如何先使学生认真思考自己的所作所为，然后才能因地制宜地用合适的时机、合适的方法督促他自觉地改正。

我工作的"小九九"的最后一点是与学生共舞。我认为，班级管理好似与学生进行马拉松比赛。在改变学生的学习习惯、生活行为习惯方面，班主任工作力度的持久性就显得尤为重要了。

初中生就像一张雪白雪白的宣纸，在上面可以写很美的大字，亦可以胡乱地涂鸦。他们的可塑性、可变性极强，很容易受同学的情绪感染。认真做事、认真执行校规校纪的习惯时而反复，时而会试探性地攻击班主任的管理底线。

所以，这个时候就出现了"倒春寒"现象。这时候是班主任与学生的马拉松长跑的困难期，如果班主任坚持下来了，一如既往地掌控局面，而不是想当然地认为这个学生已经转变了，不再是自己的主要监控对象了，那么这个班主任是马拉松的胜利者，是班级管理的掌控者。

取得这种胜利的方法很简单，就是业精于勤，并且坚持到底，持之以恒。所以我的工作词典里有"较真"两个字。首先和自己较真，严于律己，以身作则。其次和学生较真，细节决定成败。较真是我在工作中奉行的法宝，处理任何一件工作都要细致入微，只有这样才能将工作落实到位。这场没有硝烟的战争应该一直持续到学生的学习习惯、行为习惯真正养成为止。

浅谈初中班级文化家校生三维共建机制的形成

深圳市盐田区外国语学校　　林建新

　　一些班主任在进行班级文化建设时，虽下了很大功夫，表面上（文化的物象——比如口号、墙面文化等）"红红火火"，但给人的感觉却是松散的、无质的。为什么会出现这种现象呢？其中一个重要且普遍的原因，就是班主任对家庭参与的忽视或者引导家庭参与上的失策。

　　目前来说，家长参与初中班级文化建设主要是两个问题：其一，家长无意识、无条件参与；其二，学生与家长的沟通不畅。

一、 如何使家庭有效参与班级文化的建设

　　第一，开辟家长课堂。家长与班主任理念、目标的不统一，是影响班级文化建设的最大阻碍。班主任要培养符合社会需求的人才，而家长多从个人功利角度考虑孩子发展。解决这些问题，仅靠班主任有限的简单沟通是不行的，必须组织频率较高且有规划的家长教育活动。通过信息化家校沟通平台，将班主任的设想、目标、策略等告知家长，并引导他们认同和理解。此外，就是教家长如何与青春期孩子进行有效沟通的技巧、方法。

　　第二，请家长参与。有句古话叫"浑身是铁能打几根钉"——班主任独立进行班级文化的设计，往往表现出很大的局限性。而通过与家长建立良好友情之后，班主任往往会发现，很多家长拥有很高的、有特色的文化素养。比如，有的擅长书法，有的擅长演唱，有的育人有心得，有的对班级文化建设有良策。请家长参与到班级文化建设当中来，不仅帮助孩子参与，还可以丰富、充实、提升班级文化建设水平。而且，由于家长的参与，还可提升学生对班级文

化的亲和感和认同度。

二、如何使家长与学生有效进行双向沟通

初中学生正处于青春逆反期，与家长沟通不畅是阻碍家庭参与文化建设的瓶颈。班主任能否有效指导学生与家长进行沟通很关键。

（一）家长主导的有效沟通

班主任通过家校互动平台指导家长应注意以下几个方面：

第一，学会换位思考。家长总是觉得孩子不听话、顶嘴，从而经常失去平等、冷静沟通的耐心。这是造成与孩子沟通不畅的主因之一。换位思考反复强调，但总落实不到位，就是家长们不懂得如何换位。我给家长们一个建议非常有效："想一想自己初中时的思想和行为状态，如果你当时并不比孩子做得更好，就不要去要求孩子。"这种方法使家长真正实现换位。

第二，倾听。很多孩子不愿与家长交流，是因家长不给他们充分表达的机会。家长总是以自己的经验优势对孩子指指点点（而往往以否定、批评为多），打断孩子的表达并对之进行教育，使孩子有意回避交流。所以，家长应有意控制自己的教育冲动，每次都听孩子陈述完整后再发表自己的意见。而且，在换位的基础上，尽量少批评而多理解和表扬。

第三，主动参与。家长主动参与班级文化建设，往往会给孩子带来骄傲感，将带动孩子参与班级文化建设的热情和维护意识。比如，有位家长擅长平面设计，他主动为班级设计了班徽等标识，他孩子的学习自信、人际关系等得到了极大的提升，而且维护班级文化更倾向于积极主动。另外，因为小小的骄傲感，使其更愿意与家长进行交流。

（二）学生主导的有效沟通

教师通过班会或日常交流的方式指导学生与家长沟通。

第一，倾听。与家长不擅长倾听一样，学生也通常对家长的表达表现出极大的不耐烦，这使沟通无法进行下去。孩子们最烦的是家长滔滔不绝地回顾自己的"光荣历史"或"坎坷经历"，并依之进行"教育"。我告诉学生："家长们反复唠叨，首先是为了给你提供有益于成长的信息。但他们又大多没有时间进行归纳后再表达，所以就体现出重复现象。但你只要耐心听，在一些'无用'信息中，每次总会有些小的收获。不应期待家长每次长篇大论都能对你起

到重大的影响、提供全面帮助，但家长几十年的生活阅历，确实是无可替代的财富。你应学会耐心去'沙里淘金'。其次，家长也有表达和倾诉的需求。他们在家中漫无目的地表达，有时可能并不是想教育你，而只是为了说而说。他将你作为倾诉对象，正体现出对你的极大信任。因为有些话可能是他在社会上不能表达的。因而，倾听，不仅是对你有益的，也是与'给家长洗洗脚'一样的孝行。"

第二，主动。家长们虽有较多的生活经验，但并不一定能够猜得出孩子所有的需求。有时通过询问、交流可以发现需求，为孩子提供帮助，但大多时候，他们并不知道孩子需要什么帮助。这就造成孩子认为家长不理解自己，不能主动提供帮助。所以，我告诉学生："即便是'知子莫若父'，父母也只能猜出你的一小部分需求。你不主动表达，就没有权利去抱怨父母。"比如，有个学生要为班级文化墙写一幅书法格言，自己找来纸笔墨，尝试了好多次都不满意，于是向父母发脾气。后来，父亲帮助、指导他完成了一幅漂亮的书法作品。这个学生很惊讶，他从没想到自己父亲是一个很有水平的书法爱好者。这其实就是缺少主动沟通而出现的问题。因为父亲原来确实热衷书法，但成家之后，既要忙于工作，又要照顾孩子和老人，在孩子很小时就把这个爱好搁置了。所以，我告诉学生："父母和你们一样曾经年少，也曾经和你们一样试图多才多艺。不主动去表达和寻求帮助，你就永远发现不了隐藏在父母身上的文化能量到底有多大。"

综上所述，初中班级文化建设是提升和推进班级管理及教育活动的重要抓手。但从初中学生的经验水平和心理特征上看，班主任采用封闭式的班级文化建设策略（只有班主任和学生参与）往往达不到预期效果。把家长纳入班级文化建设，构建家、校、生三个维度的共建机制，是保障班级建设质量和寻求发展的要点。而要使家长能够有效、有质参与班级文化建设，沟通是关键——这其中包括班主任与学生、家长间的沟通，也包括家长与孩子间的双向沟通。特别是家长与孩子的双向沟通，班主任能否使之畅通有序，是至关重要的。这需要班主任从家长和学生两个方向分别施策。

做一个有效沟通的好教师

深圳市盐田区海涛小学　杨兴宇

从教育心理学的角度看，每个学生都希望受到他人尤其是教师的信任，渴望自己的长处能够得到展示；从教书育人的角度看，每个学生（而不仅仅是少数学生）都应当有机会得到培养和锻炼。

放手给学生，允许学生犯错误并且给时间让他们意识到错误和改正错误。"别急！慢慢来。"很多前辈经常这样告诉我。我认为，这就是淡定、从容吧！我常要求自己在常规管理上要淡定、从容。放心地把工作交给班干部叫淡定、从容，处理问题对症下药是淡定、从容，这样可以让学生在班主任的淡定、从容、优雅中快乐地成长！

我常常告诫自己，处于成长期的学生反复出现问题是很正常的，要从容处理，不能急中出错。

有一天第三节课后，我的纪律班长来找我汇报："王同学扰乱课堂纪律，引起公愤了！他说不怕你找他。他还和同学们说×老师偏心，他是故意扰乱的。"听到这儿，我怒从心头起，站起来就往班级走去！走到半路我就改变主意了，告诫自己，要淡定、从容！

正好下节课是我的语文课，走到班级全班同学都看着我，好像都在等着看我如何处理他。

我故意用较平稳的声调说道："今天的语文课改到下午的自习课去上。"没等我说完，很多同学都极度兴奋地喊"好"，然后都看着王同学！心里肯定想：你要倒霉了。

我接着说道："既然这件事是发生在×老师的课堂上，我就没有必要背着

125

大家处理了，我们今天帮助王同学分析下今天发生的这件事的来龙去脉，然后再看错在哪里。"

我把王同学叫到前面，面对同学站好。他的头高高地昂着，给人满不在乎的感觉。我对他说："王同学，我先声明，我今天不打算批评你，但是我们要分析下这件事情，看看你做得对不对。你自己把这件事叙述一下，我相信你会在全体同学的面前讲实情的。"

"我就是不听×老师的，他叫我看书我不看，后来考试时候不让看书我偏看，老师让我站起来我就不起来……"他一副天不怕地不怕的态度叙述道。

"那你不怕我知道吗？""怕，但是我控制不住，学校处分就处分吧，反正我是差生！"这时候他的头抬得更高了，装成一副满不在乎的样子。

"王同学，我们班级已经存在七个月了，我问你，我什么时候讲过你是差生？你回忆下再回答我。"

"没有，但是我有打架，我还威胁别人，学习又不好，我觉得我是。"

"我欣赏你的耿直，但是我告诉你我从来没说过咱们班任何一个同学是差生。对吧，同学们？""对！"大家异口同声地答道。

这时我灵机一动，感觉教育他的机会来了。"同学们，王同学说他是差生，可是我觉得他有很多优点呀，下面大家先谈谈王同学的优点，每个同学说一条好吧？"

可能是有些同学没弄明白我的意思，大家不敢讲，没有人讲。

"那好，老师开个头，王同学是一个耿直的人，敢于承认自己做过的事，就连他喜欢谁都和大家讲，对吧？"此时班级一阵哄笑。"还有，王同学是一个集体荣誉感很强的人，表现在哪儿呀？他是不是经常帮助值日生打水值日呀？"我接着问道。

这时候王同学的头低了一些，用疑惑的眼神看我一下就躲开了。接着我的话茬儿，同学们就说开了：

"王同学讲义气，够朋友。""王同学性格开朗。""王同学球打得好。"这时刘×站了起来说："王同学是一个爱面子的人，他的书法很棒，我很羡慕。"我看出王同学的眼圈泛红，也许他没想到他心中的"死对头"刘同学这样评价他。陈××站起来说："我知道你和×老师作对是因为有一次我也搞小动作了，老师只批评了你没批评我，后来我问过×老师，他说他真的没看见我在搞小动作，只是担心你的成绩因此落下才管你的。别这样了好吗？"

我接着问道："我也有批评你却没有同时批评和你同时犯错的别人的时候，我也没见过你不学我的科目呀！"他想了想说："那是因为我知道你能一碗水端平，比如说你曾经就因早退扣了班长的分，所以我相信你是公平公正的，相信那时候你真的没看见别人不守纪律只看到了我。"

其实说老实话，听完王同学的这句话我很感动，感触也颇多：小孩子的眼中也容不得沙子呀。

这时候苏霖同学站起来说："以后你不要说自己是差生。你在小时候学习基础不好，所以现在学起来就很吃力，和我一样，不是我们真的差，只要我们尽力就行了。"说到这儿，苏霖突然哭出声来，哽咽着说："我相信×老师是怕耽误你学习才督促你的，今天你的做法就是不对的，你看大家都这么肯定你，你好意思再扰乱课堂吗？你好意思不学习地理吗？"

王同学的头低了下来，我接过话说："今天我告诉你一个秘密，这件事×老师和我早已经和你爸爸沟通过了，苏霖说的是对的，×老师是怕耽误你学习才督促你的，不信的话回家可以问你爸爸。"这时王同学的眼泪终于流了下来，主动说："我现在就去找×老师道歉。"这时，班长刘×说："我陪你去，你不会孤单的！"

之后，我反思自己，这件事我处理得很得体，是因为同样的语言不是从我嘴里讲出来的，他相信同学的话，并且排除了我袒护同行的嫌疑，又给其他同学很好的启迪。所以以积极的态度面对教育难题，这就是从容、不急躁的好处，可以让学生在我的淡定、从容、优雅中快乐地成长！

浅谈如何通过有效沟通避免亲子冲突

深圳市盐田区外国语学校　许得运

有一位教育家说过："家长教育孩子最基本的形式，就是与孩子谈话。我深信世界上最好的教育，是在和家长的谈话中不知不觉地获得的。"由此可见，沟通是教育中极其重要的一种手段，但是家长在和孩子沟通时由于缺乏方法和手段，往往导致两者的沟通以短期有效，甚至无效结束。而长时间的无效沟通，将会导致亲子关系紧张。那该如何做到有效沟通？有效沟通必须是双方的，既要求家长懂得如何与孩子沟通，又要求孩子懂得如何与家长有效沟通。

我们谈谈家长如何与孩子有效沟通来避免亲子冲突。

第一，生长环境很重要。儿童教育专家多萝西·劳·诺特的一首诗《孩子从生活中学到什么》，非常形象地向我们展示了生长环境的重要性。为此，家长要为孩子创建一个幸福、和谐、宽松的家庭环境。良好和睦的家庭环境可以给孩子提供安全的庇护港，可以让孩子保持心情愉悦，可以给孩子良好的家庭熏陶，可以帮助孩子养成良好的性格，也可以培养孩子健全的人格。生长的环境以及长辈的榜样对孩子都有潜移默化的影响，对孩子的影响极其重要且深远。很多时候，沟通与生活共同进行着。

第二，陪伴很重要，高质量的陪伴更重要。只有高质量的陪伴才能造就高质量的沟通。长辈时常告诫我们："要想孩子好管教，家长必须亲自带。"家长跟孩子生活在一起，孩子的经历、孩子的问题、孩子的想法都比较容易被家长及时察觉，孩子也能及时和家长沟通。这样家长能更加深入了解孩子，给孩子及时的、有针对性的和可操作性的意见、指导和帮助。不管是高质量的生活环境的营造，还是高质量的陪伴，都不是一蹴而就的，而是漫长的过程。

第三，倾听很重要。卡耐基说过：如果希望成为一个善于谈话的人，那就先做一个致意倾听的人。在沟通中，倾听是极其重要的一个环节。好沟通都是听出来的。要想和孩子进行高效沟通，家长一定要学会倾听孩子的心声，要多听少说。通过孩子诉说，通过倾听孩子的心声，来了解他们的真实感受，这是最有价值的一种沟通和教导方式。家长要学会寻找孩子表达的关键意思，抓住我们想要知道的信息。

第四，沟通技巧很重要。短期的沟通效果往往取决沟通技巧。那我们在跟孩子沟通时需要注意什么呢？首先要平等对待孩子，重视孩子的问题，并且交流内容要得到孩子的认同。孩子最不能忍受的就是家长习惯性地无的放矢、批评、指责、命令和空洞的说教。在交流中要注意避免唠叨和反复批评，要关注孩子的心理发展阶段和承受能力，不要拔苗助长，所提的建议和要求更不要超出其承受的范围。孩子毕竟不如大人心智成熟，在教育孩子的时候一定要适可而止，说些孩子可以听懂的话，否则孩子似懂非懂，反而适得其反。

第五，沟通的形式需要多样化。面谈是最直接的形式，但是有些问题面谈又不合适，为此我们可以采用其他的沟通形式，如可以通过家庭会议来交流。家庭会议不用拘泥于形式和内容，只要是家庭成员的事，都可以在家庭会议中摊开说明、沟通和解决。家庭会议可以是严肃的，也可以是茶话会式的，还可以是游戏式的，关键是要全体参与，全员发表意见。这样的家庭会议可以定期举行，定期容易成为家庭成员共有的沟通习惯。又如，可以用书信、短信、微信等来交流。这种交流最大的好处就是避免了面对面交流的压力，同时更能够把握分寸，更加理性和克制。在书写中容易做到心平气和、思路清晰、简单明了、表达完整，给双方时间思考、吸收和接纳。再如，可以用活动来沟通交流。家人一起参与一些有针对性的亲子活动，在活动中教育孩子，达到沟通的目的。最后，对一时不能达成共识的问题，先将其保留，借助国外的教育学心理学家提出的"微笑协商解决冲突"的方法来解决，所谓"微笑协商解决冲突"就是：第一步，分析确定冲突是什么；第二步，分析判断冲突的实质是什么；第三步，找出解决这一冲突的各种办法；第四步，分析冲突一方不能接受的解决方法；第五步，找出冲突双方都能接受的解决方法；第六步，实践并检验调整双方能接受的解决方法。

同时，师生冲突往往也会影响到亲子关系。为了避免师生冲突，家长可以培养孩子的兴趣、爱好和特长，如体育运动、阅读、艺术等，这不但能增强自身体质、陶冶情操、丰富知识，还能获得教师和同学的认可和好感；可以鼓励孩子积极参加学校和班级组织的各项活动，这不仅有利于培养孩子的集体荣誉感，增强团队合作意识，更能锻炼处理问题的能力和应变能力。家长还需要让孩子明白："师者，传道授业解惑也。"教师是来帮助孩子的，是来给孩子教授知识和解决问题的。教育孩子要从心里尊重、认可和敬仰教师，要认真对待教师的教诲。教师就像自己的家长一样，都是为了孩子的健康成长着想。同时家长也要多和教师交流沟通，及时了解孩子的表现，做到家校联手、共同教育。

莫被青春闪了腰

——也谈青春期亲子沟通

深圳市盐田区外国语学校　胡　军

　　有人说教育就是一个框，什么理论都可以装。但是，不知道正处于更年期和青春期正面交锋的大多数家长发现没有，我们开过的家长会和教育讲座很多了，为什么回去教育孩子的时候，这些专家教授口中的金句就失灵了呢？星星还是那个星星，月亮还是那个月亮呢？其实，我觉得关键还是在于家长的改变没有落实。

　　我们缺少的不是教育金点子，而是自我认识。所以我认为，要想有效地和孩子沟通，尤其是当家庭教育出现明显的矛盾和分歧时，就得反思自己的教育——对孩子的学业成绩、孩子的期许、孩子的价值观，甚至孩子的未来规划、孩子的人生等做出反思。

　　首先，我们得承认和尊重孩子是一个独特的生命个体，独立、特殊是每个生命个体的应有特征。虽然孩子的生命是父母赋予的，他们的基因来自父母，行为方式都或多或少受父母的影响，甚至很大的影响。但是，每个生命体都有它的特殊性。他们的基因和父母有差别，他们的生活的物质世界和精神世界都和父辈有很大的差别。经常会听到家长们说："我们那个时候怎么怎么样，有多听话、多能吃苦、多自觉和优秀，怎么到他们就堕落成这样呢？"其实，我个人觉得这是一个跨越时间的讳饰。随着时间的推移，一些不好的记忆被我们自我保护式地选择性遗忘了，留下的是一些美好的回忆。另外，就算是很优秀，但那只能代表你自己，不能代表孩子。

　　其次，淡化成绩，用积极的人生态度引导孩子成长。孩子的教育很少能遇到一帆风顺的，有矛盾和不足是再正常不过的，关键是家长如何看待问题。中国家长爱攀比，比背诵唐诗宋词，比琴棋书画，比奖状多少，比成绩高低，比社会地位，比经济收入……很多事，不是事情本身有多严重，而是我们看待事情的观念和态度起到决定性作用，孩子的身心健康和对待学习生活的向上态度、人生观和价值观更值得我们去引导。

再次，要信任孩子，不做情绪的奴隶。很多家长，尤其是爸爸，遇到一些负面的事情往往会控制不住自己的情绪，过去的、现在的、学习上的、生活上的问题一股脑儿地冒出来。被情绪左右，把问题放大，使悲观和焦虑加剧。其实，冷静下来想一想，不就是一场考试吗？不就是一次粗心吗？不就是一次冲动吗？家长自己冷静下来，问题才会被正常看待，孩子才会学会看问题而不被问题左右，也不会被情绪左右。如果我们不问事由，劈头盖脸地一顿情绪发泄，可能会把问题引向另一个方向，孩子也因此失去了自我反省教育的机会。如果这类事情发生得过多的话，甚至会阻挠亲子间的交流。

最后，多站在孩子的角度看问题，多理解引导，少批评指责。青春期是孩子由幼稚到成熟的必经阶段，是人生发展的黄金时期。和此阶段前的儿童少年期相比，孩子有了一定的独立性，看待问题有自己的主见，有自己的想法，这是积极的一面；和之后的成年期相比，这一阶段的孩子还是显得不成熟，看问题较片面主观，情绪波动比较大，容易冲动，也有一定的偏激性，说话直来直去。科学研究表明，青春期的孩子之所以这样，是因为身体的变化比较剧烈，神经系统和多种激素分泌旺盛，导致他们的语言和行为也阴晴不定。其实，很多时候，事过以后他们自己又会后悔。那么作为家长，我们了解了这些以后，应该要多站在他们的角度思考，不要和他们硬碰硬。

自从做了家长之后，尤其是孩子进入青春期以后，我发现自己的改变还是很大的。每一次看到孩子在学校的表现反馈，心里都要纠结着怎样去传达我的意见和想法，甚至表扬的话也要字斟句酌。要是放在以前，我肯定不会这么说。以前，一直以为作为爸爸这一角色，应该是雷厉风行、直来直去的，哪儿来的那么多的轻言细语和婆婆妈妈？但是，没办法，教育是关乎心灵的一件事，关乎生命是伸展还是蜷缩的大事。作为家长和教师，我当然都关心，也努力地去改变自己。

我和小七有效沟通的那些日子

深圳市盐田区云海学校　李牧聪

苏霍姆林斯基说过："如果学生不愿意把自己的欢乐和痛苦告诉老师，不愿意与老师坦诚相见，那么谈论任何教育总归都是可笑的，任何教育都是不可能有的。"真正的教育是心灵的对话，有效沟通既是一门艺术，更是和孩子拉近距离的最直接的方式。而我和小七的故事，就是从这里开始的。

一直以来，我都觉得自己很幸福，因为我从事的是太阳底下最光荣的职业。更幸运的是，我能够以一个音乐教师的身份成为一名班主任！我并没有把自己只定义为班主任，更多的时候，我把自己当成孩子们的同龄人，更多的不是教育，而是帮助孩子们找到自己人生的定位。

小七是一个很有潜力的姑娘，机敏、灵动、情商高，虽然刚转来没多久，但很快就跟同学们打成了一片，倔强、自我的性格，又使她很容易被同学误会。看到这一点，我仿佛看到了上学时候的自己。

于是，常规操作，我找她谈话。但经过几次努力，她都在口头上答应，行动上却毫无改进。我终于失去了耐心，毫不留情地在全班同学的面前批评了她。这件事之后，我发现她在小心翼翼地扮演着教师眼中的"好孩子"，却不再有往日的神采和欢笑声。

看着她的变化，我不断地在质问自己：这就是我希望的改变吗？我是不是一直以来都只是为了解决我自己想解决的问题，而并没有从小七的内心去真正地了解她、帮助她？这样的沟通、这样的改变是小七想要的吗？心里的声音告诉我，绝对不是的！我要找到可以跟她沟通的方式，几天的思考之后，我知道我应该怎么做了。

在那个雨后的下午，我们聊了很多很多，我聊到小时候的趣事、糗事，她都会很开心地补上几句："我也是这样的，哇！聪姐，我也会这样，原来我们这么像！但是聪姐，我能成为你这样的人吗？我为什么和同学总处不好关系？我该怎么办呢？"我笑着让小七把手伸出来，拿起水杯，在她手里滴了一滴水，问她是什么感受，她说："轻轻浅浅很柔软。"我说："水滴石穿的故事你一定听过，一滴水的力量很小，但若坚持，可穿石，如果以利器去击打岩石，定会两败俱伤，以柔克刚在人际交往中不失为一种智慧。"我又把水倒在土壤上，问她看到了什么，她说："看到水很快被土壤吸收。"我说："水至通透，它可以渗入土地中，滋养植物却不与万物争，在悄无声息中被接纳。"最后，我拉着她，望向远处的海说："水至柔，却柔而有骨。在通往大海的路上，会遇到许多阻力，但水的变通和灵活让它永不止步，最终汇集于大海。聪姐想告诉你的就是，天下柔者莫过于水，而能攻坚者又莫胜于水，水之大成，是集刚柔于一体，我们若是有了这般性格，也该是集大成者了。"

那之后，我们活泼开朗的小七又回来了。让我惊喜的是，小七不仅自己跟同学们相处融洽，还能帮有困难的同学去解决问题。小丫头会经常跑来办公室瞄我一眼，跟我说："聪姐，要按时吃饭呀！"我会笑着对她说："傻妞，你也是啊！"

陶行知先生说过："真正的教育是心心相印的活动，唯独从心里发出来的才能达到心的深处。"和小七的故事让我明白，沟通的艺术就在于心灵的交融与情感的互递。与其说我们是教书育人，不如说是和孩子们同心成长，在见证他们勃发向阳生长的过程中，我们也努力成长为一名可以与孩子们共舞青春的同行者！

浅析初二阶段家校共育的策略

深圳市盐田区外国语学校　张　根

初二阶段的学生正值积累与转变的时期，美国心理学家霍林沃斯称之为"心理性断乳期"，个人认知的膨胀与现实中能力的有限在自我认知中形成巨大的反差。

初二阶段的学生虽然不断成熟，但他们通常是想象中的大人，辨别能力和判断能力等方面的能力远不够强，面对多元的世界和真假难辨的现实，他们很容易受到诱惑，从而对其成长成才产生消极影响。此类问题需要家庭和学校之间的密切合作才能解决，所以如何有效地开展初二阶段的家校共育，促进初二阶段学生的全面可持续发展，是我们要面对的重要课题。

一、初二阶段家庭教育策略

著名教育家苏霍姆林斯基认为："人们在社会生存生活中面临着各种复杂的任务，社会对学校提出的要求也越来越高。在整个社会的发展中，如果没有具有教育素养的家长的配合，无论学校付出多大的努力，都会使教育效果大打折扣。"因此，家庭教育在初二甚至是在整个初中阶段都是至关重要的。

首先，承认差距，降低姿态，放宽心态。家长要理性看待孩子与同学之间的差距，承认差距，不苛刻要求。家长要认识到学习成绩的好坏不代表能力的强弱，更不是综合素质的好坏，也不能决定未来。

初二阶段的孩子在心理和生理方面都是一个"小大人"，他们渴望得到教师、同学、家长的尊重和认同。家长要降低自己的姿态，不要站在"统治者"的视角与孩子对话，要努力与自己的孩子交朋友。

不以一次的成功或失败和单一方面的评价论"英雄"。家长对孩子要包容，多一些耐心才会有信心。但在现实中，家长苛求孩子，只看成绩，不看综合素质，更不看品行与修养。这样让孩子所有的努力都付诸东流，扼杀孩子的积极性，打击孩子的信心，不利于对孩子个性的培养。

其次，善于发现、细心体贴。初二的孩子虽然"闹独立"很欢腾，但是依旧渴望且离不开家长的体贴照顾。家长应注重日常的生活过程，在过程中细心观察，体贴入微。例如，家长每天翻阅一下孩子带回的作业本，及时发现问题，有针对性地促进孩子在平时养成良好的习惯。认真规划好孩子的假期，加强孩子假期生活和学习的管理，督促孩子按计划完成学习任务，提醒孩子交净友，同时把握机会利用假期多与孩子接触、沟通，改善或增强亲子关系。

最后，提高自己的修养和见识，加强父母双方的合作，营造良好的家庭环境。有研究发现：良好的家庭环境可以为儿童提供亲密感和情感上的支持。矛盾少的家庭环境可能是促进儿童成长的积极因素，并对儿童经历的消极事件产生缓冲作用，促进儿童身心健康。初中生的家庭环境、共情与攻击性之间存在两两相关的关系。家庭亲密度、情感表达、文化性、娱乐性可以直接影响攻击性，也可以间接通过共情影响攻击性，共情在两者之间有部分中介效应。父母双方要营造一个积极向上的家庭环境，为孩子的成长提供积极向上的力量。

二、初二阶段学校教育策略

首先，完善多元评价体系。我们要允许孩子犯错，承认并理解孩子之间学习能力的差距，但绝不以此作为唯一的评价手段。我们要相信"三百六十行，行行出状元"，善于发现孩子的闪光点、进步点，多表扬、多鼓励、多督促。让每个孩子都认识到自己的长处，对自己的未来充满信心。同时，我们要避免说打击孩子积极性的话，就事论事，不翻旧账，不搞针对。

我们要丰富校园活动，鼓励学生参与各种校园活动和各种竞赛，锻炼孩子的能力，为孩子展现自己、培养能力和信心、更好地走向社会奠定基础。

其次，做一个能与孩子交朋友的教师。初二阶段同伴效应的影响更加明显，在引导孩子正确交友的同时，我们也可以努力与孩子交朋友。身体力行，以身示范，以积极的行动和亲身的示范为孩子树立学习的榜样，促进孩子的成功成才。

再次，加强家校沟通、师生沟通。我们要和家长默契配合。班主任要常和家长就孩子的教育进行及时的交流，加强沟通，共同出谋划策，加强教育的效果。我们要树立在孩子心目中的形象，培养信任感，鼓励孩子敢于向班主任、家长反映自己的要求和想法。

最后，适时适度的微惩戒。初二阶段的孩子大道理懂得不比我们少，面对其骄纵不可一世的态度，我们单纯地说教很难达到效果，因此适当地引入微惩戒更能及时纠正孩子的不良行为习惯，促进其形成正确的价值观。

三、小结

面对社会的发展，单一的学校教育或单一的家庭教育都无法有效进行人才的培养。基础教育阶段家庭和学校是对学生学习、德性养成、人格发展影响最大的两个"组织机构"，只有家校之间相互协作，家长积极参与到学校教育中去，教师对家长提供环境和技术支持，才能使各自都发挥出优势，避免教育责任的推诿和教育活动的重复，二者形成合力，实现最优的育人目标。

家校合作的目标是一致的，即如何促进孩子健康全面地发展。面对初二阶段的问题，家校之间只有展开真正的对话，坦诚交流，有效沟通，共商共建，一起为青春期的孩子营造一个良好的成长环境，培养孩子的能力和自信心，为孩子的终身可持续发展奠基。

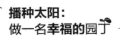
家校共育有效沟通在主题班会课中的落地

——"规划时间，不负韶华"主题班会

深圳市盐田区外国语学校　梁伟杰

一、班会课背景

为了加强班级学生的时间管理意识与规划能力，为了解决单方面说教的低效、不真诚和亲子沟通的渠道闭塞等问题，我以学生为主体，在班会课前与班委及部分同学召开准备会议，设计问卷、收集信息与相关图片，探讨设计班会课表演环节，精心制作课件，同时邀请部分具有代表性的家长参与到班会课中。我想，通过班集体共同的努力，在班会课中通过精心设计的环节，让家校共育有效沟通落地生根，更好地帮助这部分学生解决时间规划的困扰，帮助他们在家庭生活和学校学习中更充实、更有效率。

二、班会课目标

让学生体验时间易逝、时不我待的紧迫感；清楚事情有轻重缓急，做事要有计划，学习要有时间安排，从而懂得珍惜时间，充实自我；培养学生安排时间、规划时间的能力，从而能更好地完成学习任务，也能更好地享受生活。

三、班会课过程

（一）且看：光阴的回忆

活动：播放班级学生的"时光相册"。在温情的《时间都去哪了》钢琴曲中，播放班级每一个学生从幼时到童年到青少年不同时期的照片。放映中，大家的遗落在时光里的回忆被慢慢唤醒。

引导：今天，我们一起来看一看光阴里的回忆。时间飞逝，告别了无忧无虑的童年，你们已是少年模样。岁月正好，你们正在绽放，在你们脸上，挂着最单纯的微笑。这一路走来，父母的陪伴是我们成长道路上最好的礼物。但是我们也渐渐发现，父母也在慢慢变老，不管未来还有多遥远，成长的路上有你有我，有那么多温暖的瞬间，就不惧风雨。

设计意图：学生们、家长们看到时光相册里的自己，看到同学们渐渐长大，看到父母们开始衰老，感受到时光的流逝，为整节课自然流淌着的浓浓温情做了铺垫。

（二）且思：光阴不可追

活动：班会课由班长主持，开篇引经据典，从朱自清的《匆匆》入手，请同学有感情地朗读，引发同学们对时间的思考——时间都去哪儿了？以班会课前期收集班级同学的数据做成饼状图，一目了然，引发深思。

设计意图：真实的数据对比，双方都接收到有效可靠的信息，让学生对自己每天时间安排有清晰的认知，感受到每天时间的有限性和可利用性，也让家长更加了解，孩子在日常的家庭生活和学校学习的真实情况。他们开始思考，时间安排的问题根源出现在哪里。

（三）且说：岁月不堪数

活动：韶光大半去匆匆，几位同学为大家带来自编自导自演的情景剧《我的一天》，正反两面同时上演在学校、课堂、家庭的表现，通过多方的碰撞，设计贴近学生的情景与语言，在现场引起热烈的反响，对表演中出现的现象、归纳的原因，反思我们是不是也有类似的行为或习惯？请同学们和家长们发表自己的看法。引出下一个问题："同样是一天24小时，为什么有的人过得很充实，有的人却虚度年华？"

设计意图：从我们身边的普遍现象和小事情慢慢引导，通过学生小组内部和家长小组内部的讨论，集思广益，在学生群体和家长群体内部加强有效沟通，解决时间规划能力差和时间利用效率低的问题。不以自我为中心，正视自我与他人，学生从同伴身上取其精华、去其糟粕，学习如何利用好时间，如何做好时间规划。家长也从不同的家庭案例中，从家庭教育与自身言传身教角度去反思、分享，让学生真切感受到来自家长的重视与尊重。

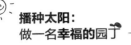

（四）且行：栽下时光树

活动：减少时间浪费，对时间心存敬畏，科学安排生活。在班会课上，主持人为同学们提供了规划时间的建议，然后以即将到来的期末考试为短期规划对象，小组内部展开讨论，生成班会课成果，并选取代表进行分享展示。

设计意图：让学生们掌握更多利用时间和做好规划的实用技巧，做好接下来一段时间内的复习计划，参与班会课的家长也参与到制订规划这一环节中来，与孩子共同制订复习计划，让孩子体会到父母对自己的关爱、激励与支持。突出家长和学生通过有效交流沟通，双方就时间规划问题可以达到共同认识。这既是本节班会课学生的知识生成，也是亲子关系的发展升温，更是家校共育的智慧结晶。

（五）总结与寄语：我们一同成长

今天这节课，我们形成了智慧的结晶——这棵载着我们规划的时光树，请同学们将它挪放至班级后面的板报上，希望大家今天的所思所想，能够在课后真正地落实到你们的行动中。我将陪伴、观察、祝福你们的努力、坚持与成长。

四、班会课亮点

1. 坚持以学生为主体，家校共育。将课堂还给学生（充分发挥学生的主观能动性，学生主持，学生自编自导自演情景剧，学生小组自我讨论与成果展示），将家长请进课堂（彰显父母对孩子的影响与亲子教育的重要性），既培养学生的核心素养，又符合盐外新样态家校共育的特色，真正达到家校共育的合力，更好地促进学生全面发展、健康成长。

2. 坚持有效沟通落地生根。强调沟通的实效性，简短的40分钟班会课内，通过课堂活动增加沟通频率，在尽量短的时间内完成沟通的目标。突出让参与沟通的人员认识到自身的价值。班会课上，学生、家长、教师三方都进行真诚的、心情愉快的沟通，实现多赢的思想。落实班会课后的延伸，从学校、家庭两处，以教师、家长、同学等角色进行监督互助：班会课制定的规划是否能落实到日常安排中，是否能坚持完成计划。

如何与孩子沟通实施师生、家校协作，科学管理学习

深圳市大鹏新区南澳中学　沈　青

　　家庭教育是学校教育的基础，和谐的亲子关系是家庭有效教育、实现学校教育的保障。在现实中，我们很多家长几乎每天都陪在孩子身边，陪着孩子完成作业或学习。一旦任务完成后，家长又开始玩手机，孩子也开始了他最大的兴趣——看电视、打游戏或玩手机。如此学习方法，科学吗？这样的家庭教育，有效吗？答案一定是否定的。很多家长也知道自家孩子在学习态度、学习习惯、学习方法上存在很大的问题，甚至为此焦头烂额。那么，家长们应该如何科学管理孩子的学习呢？通过与孩子的有效沟通，实施师生、家校协作，能使孩子快乐学习、健康成长。

一、以身作则

　　孔子有言："其身正，不令则行；其身不正，虽令不从。"家庭是子女的第一所学校，父母是孩子的第一任教师，是孩子的一面镜子，更是孩子的终身榜样。所有要求孩子做到的，父母首先要做到。要教育好孩子，父母首先要注重自己的修养，严于律己，做出示范，言行一致，用自己的模范行为去影响孩子，以道德榜样去引导孩子。父母的思想品德和行为习惯，对孩子起着潜移默化的作用。在家庭教育中，孩子不仅听从父母的说理教育，更注意父母的一言一行、一举一动、一颦一笑。孩子喜欢模仿成人，也很会模仿成人，而与孩子接触时间最长、影响最大、模仿对象最多的是父母。于是在孩子心目中，父母

是最可信赖的人，父母言行举止往往是孩子的行为准则和楷模。因此，父母的思想品德和行为习惯，对孩子的发展和健康成长有很大的影响。在要求孩子之前，父母是否做到努力向上、积极工作、诚信待人、宽容待人、摒弃陋习等。身教重于言教，如要给孩子树立爱学习的良好榜样，家长首先要爱学习、爱读书，进行亲子共读等；要孩子不沉迷手机，我们做父母的应该先放下手机，和孩子多谈谈他们感兴趣的人和事，耐心倾听孩子发出的声音，和孩子对视，让孩子看到你在听，让他感觉到，你对他说的话很感兴趣。

二、和孩子一起养成阅读的习惯

阅读可以改变人生的宽度和厚度。和孩子一起培养阅读的兴趣和习惯。阅读让孩子从课本中走到课本外，放眼经典与名著以及各类有营养的文学作品甚至文艺、文史或文化的内容。通过阅读，不仅可以增添与孩子之间的话题，增进感情，而且可以引导和引起孩子的许多兴趣，开阔孩子的眼界和格局，因为阅读是和无数优秀的人做无声的对话和内心的碰撞。而学习经典，尤为重要。我们每天每个人的时间是有限的，所以在我们有限的时间或学习计划里，尽可能多地学习经典，学会坚持，经过时间的沉淀，孩子学习经典的习惯也就自然而然形成了。同时，由于阅读量的不断增加和良好的学习习惯的养成，孩子一定会变得越来越聪明、快乐，进步明显。

三、以欣赏的眼光赏识孩子

从各方面资料、数据和实践经验来看，能真正表扬或时刻赏识孩子的家长比例很不理想。实际上，家长要对孩子做到多欣赏优点，要用放大镜去看孩子的优点。美国心理学家德里克说："孩子需要成人的鼓励，就像植物需要水一样。"孩子很粗心，我们可以先夸他做事很果断，就是细心方面差了一点儿；孩子语文不好，数学不错，我们可以先夸他数学很厉害，语文再加把劲那就更完美了。家长要经常暗示自己："我有这样可爱的孩子，我们要一起成长，我们要一起面对很多问题。"那么孩子在困难面前就不会低头、不会退缩，在挫折面前就不会感到无力与孤独。我们还要明确地告诉孩子："你的身后有爸爸妈妈的肩膀和怀抱，那是你自信与坚强的底气。"美国教育家和心理学家加德纳提出的"多元智力理论"表明，每个孩子都有自己擅长的领域，但并不是每个人的天赋都能被唤醒，就像打开宝藏的口诀"芝麻开门"一样，唤醒孩子的优势智能也需要秘诀，那就是来自父母和教师的欣赏以及靠他们培养起来的自信心。恰到好处的赞美是父母与孩子有效沟通的兴奋剂和润滑剂，家长对孩子的了解、欣赏、赞美、鼓励会增强孩子的自尊、自信，促使孩子自律。

四、掌握与孩子沟通的技巧

很多父母不知道孩子有多么在乎父母对他们的关注，因为缺乏关注，所以父母认为的"沟通"在孩子心目中也就变得不走心了。所以，父母还应注意走在孩子的前面，不断学习，掌握与孩子沟通的技能，方能在孩子的学习教育上走入孩子的内心世界，才能被孩子接受和理解。

1. 避免使用过激语言。对于孩子不好的方面也得用好的语言表达出来，如先表扬孩子的优点，再把缺点转化成建议式语言提出来。另外，尽量避免在众人面前批评孩子、数落孩子的不良习惯或成绩不理想，尤其是敏感孩子。

2. 话不宜多。很多父母对孩子学习费尽心力，但是效果并不理想。从表面看，他们是在与孩子公开交谈，不断鼓励孩子。殊不知，他们的话恰恰堵住了孩子的嘴巴和耳朵。最常见的弊病是父母教条式的长篇大论，一开始就是："我要你学习是为你好，当年我们没你现在的条件……"可是大多数孩子对父母的这种言论的感觉是："这种说教式的谈话，我很反感。"其效果可想而知。避免说教或者批评孩子，用语要有针对性，要讲他现在这样做的好处或者错误在哪里，危害是什么，要怎么改。用语要能被孩子理解和接受，且少而精。

五、避免对孩子的学习成绩过度关注

很多父母有"望子成龙，望女成凤"的心理，对于这种心理我们本该理解与支持，但是从现在越来越多的孩子和父母的关系不和谐的案例中，我们不难发现，其中主要的导火线是父母对孩子的学习成绩过分关注，而忽略了孩子身心健康的发展。因此，只要孩子有上进心、学习有自觉性，就要正确看待孩子的分数和名次，在培养孩子智商的同时，父母更要关注孩子的身心健康和情商等的培养。

有效沟通之为所爱正名

深圳市盐田区外国语学校　高　梦

　　网络游戏（包括手机游戏）似乎已经成了这一代孩子成长过程中的重要陪伴者，无论男生女生都能够在其中找到自己的所爱，并为之付出许多时间和精力。许多家长和教师都将网络游戏视为洪水猛兽，将它们归入会令孩子玩物丧志的行列，于是我们竭力切断他们与网络游戏间的联系。可事实证明，我们的诸多措施往往收效甚微，有时还会造成亲子关系、师生关系的恶化。于是我想，也许一味禁止并不能解决问题，我们也许应该尊重他们热爱的事物，并逐步寻找更好的切入点来进行引导。

　　某个周末，一个学生发消息向我诉说写不出作文的苦恼。正是与他的这次对话，让我发现了为网络游戏"正名"的契机。在之后的一次作文课上，我将这次对话的内容加以梳理延伸，为学生提供了一个把网络游戏写进作文的方法，让他们明白，其实"玩中学"是完全可以做到的，只要有一双善于发现的眼睛和一颗善于感知的心灵。

步骤一：记忆提取

　　写出一篇有质量的作文，最重要的就是写出真情实感，相信每一个学生在游戏的过程中都真切地体会到了愉悦、紧张、受挫等情感，而这些情感就是最真实的、最能够打动人的地方。于是，我让学生回忆自己最难忘或最精彩的一次游戏过程。在一次游戏过程中，采取的绝佳的战术，队友间默契的配合，与敌人激烈的交锋，结局的黯然失败或皆大欢喜，都是触发情感的关键点，都能够以一种全新的方式呈现在作文之中。

步骤二：语言转化

这个步骤的中心任务，就是将游戏语言转化为没有接触过游戏的人也能看得懂的书面语言。一开始，学生说要去"攻塔"，我说这个部分就要转换语言了，把"攻塔"这个游戏术语转换成"攻击敌方堡垒"等短语；在游戏过程中获得的经验值或道具装备，则可以描述为"完成特定任务后获得的不同形式的奖励"。

步骤三：重点转移

接下来，学生说到跟队友打配合，有人偷袭，有人掩护。在这里我给他们的建议是将重点放到"团队合作"上来，通过描写某个配合默契的场景片段来体现合作的重要性；也可以把重点放在自己的心理描写，如担心队友偷袭失败的忐忑不安或者对于危机状况的紧张心情。最后，游戏的结局有输有赢，输的可以描写失落的心情和赢回荣誉的决心；赢的可以总结这场游戏胜利的原因，肯定自己和队友的努力与成果。用游戏的过程串联起自身的情感与思考，这篇作文大体实现了源于游戏而又高于游戏的结果。

步骤四：主旨升华

上一个步骤将写作对象巧妙地转移了，但文章主旨却没能很好地展现。所以最为重要的一点就是跳出游戏有所升华，要把游戏抛开而只着笔于自己的收获。例如，感知到了团队合作的好处，可以引申到学习小组的作用；因为自己一时疏忽输了游戏，从而更真切地体会到力避失误的重要性；因为自己的一心一意而赢得比赛，能够感受到"用心一也"带来的价值。

在接下来的一次测验中，有几个学生告诉我他们这次的作文"稳了"，当时的题目是《我所享受的乐趣》，恰好可以把他们热爱的游戏，用我讲过的方式写进去。看到他们开心的面孔，我也由衷地感到喜悦。成绩出来之后，这几名学生的分数确实比之前提高了几分，也更加激发了我继续发掘游戏潜力的斗志。

之后在学习游记散文的过程中，我给同学们布置了一篇游记小作文。作品中有一篇令我印象深刻，这名学生描绘的是某一款手机游戏中的场景，并将自己的游戏过程简化为游记。虽然文笔略显粗糙，但却给我提供了一个新的想法：游戏中的场景也是依据现实建构而成的，可以利用它超越时空限制的特点，让学生体会到一些特殊的观感。

网络游戏并非那么可怕，只要找对了切入点，也许我们能够激发学生观察、探寻和感知的能力。学生爱其中的场景、环境，我们可以由此激发他们对现实中大好河山的热爱；爱其中美轮美奂的建筑风格，我们可以引导他们探寻中国建筑的魅力；爱其中精致美丽的服装道具，我们可以借此进行美育活动的探索……我相信学生也同样希望他们所爱的事物得到尊重和认可，接下来的"正名"之路，我也将一直与学生同行，让游戏也能绽放出花朵。

第七章

家校有效沟通对孩子
情商与逆商的培养

有效沟通对孩子智商、情商、逆商的培养

深圳市盐田区外国语学校　张 威

成功是每一个人的梦想，初中生也有梦想，要实现梦想除了需要他们自身修炼，还要我们正确的引导，历练的过程就是努力提高智商、情商、逆商的过程。而家庭永远是最重要的学校，但父母的引导似乎对青春期的孩子越来越无力。

我既是一名初中教师，也是一名初中生的家长。孩子作为一个独立的个体，在进入初中后精神上开始寻求独立，却又无法脱离父母。他们急于找到自我，又无法认识到真正的自己。他们想得到父母的认同，甚至想超越父母，这个时候就会形成孩子和父母"竞争"的关系。父母如果能将这种"竞争"向良性方向引导，就会培养出孩子的上进心。如果不加以引导，就会使孩子的心理向恶性方向发展，如行为不良、亲子关系恶化等。孩子对自我的认知通常是从父母的支持中来的。孩子在成长过程中，如果被父母否定的次数过多，就会看不到自己的优势，出现自我否定。他们会急于脱离父母的掌控，因此就显得叛逆。而父母总觉得"我做的一切都是为你好""你为什么不听我的"，这样说不但没有作用，反而会将孩子推向父母的对立面，无法沟通。如何做好有效沟通呢？

一、将说教从与孩子的交流中拿走

在我们的生活里，经常能听到父母这么说："我都告诉过你多少次了，你为什么总记不住？""你怎么又做错了？"其实当孩子犯了错，当一切都成了既定的事实之后，这些话除了表达父母的愤怒情绪之外，没有任何意义，尤

其是在对孩子错误的纠正上没有丝毫帮助。孩子从父母那里接收到的唯一信息就是："我不够好，我不优秀，家长也不理解我！"时间久了，父母就会拥有一个无比自卑或"油盐不进"的孩子。另外，父母不停地说教，还容易让孩子产生依赖心理，他们认为反正有人会提醒或纠正，就不需要用心做事了，反正总是要被说的。当问题出现以后，孩子往往会把责任推到家长身上，觉得都不是自己的原因，和自己没关系，还会说谎。长期被说教、指责的孩子，缺少责任感，会慢慢变得懒惰、散漫，通常是父母说什么就做什么，很难获得个性的解放和全面的发展。作为父母，我们不妨多让孩子独立完成一些事情。独立完成，给予孩子思考和反思的空间，是培养孩子智商的有效途径。

当孩子还小时，他的力量不足。可是等到青春期来临的时候，爆发也许就是瞬间的事情，而且往往一发不可收拾。

其实，沟通不是一味地说教，更多的是聆听孩子的心声，让他说出自己的想法和感受，父母再根据孩子存在的问题给予帮助和指导。这种帮助是非常有效的。所以，在和孩子沟通的过程中，运用好沟通的技巧很重要。

第一，尊重孩子，父母不要把自己的想法强加于孩子身上。孩子长大后慢慢会有自己的认知和想法，那些想法只要不是荒谬和错误的，父母都应尊重、理解孩子。

第二，信任孩子，站在孩子的角度替他思考。父母对孩子的信任是最基本的，也是最重要的。父母信任孩子，可以帮助孩子建立自信。

第三，鼓励孩子说话，多赞美，少批评。生活中父母要鼓励孩子说话，什么话题都可以。父母可以自然而然地挑起话头儿，不必刻意安排时间地点，并适时地给予孩子赞美，这样会增强孩子的自尊、自信。

第四，作为父母，应该明白倾听孩子心声的重要性。我们看重的，不是孩子所说的对与错，而是给予孩子支持和理解。父母通过倾听的行为来表达自己对孩子的爱，让孩子感到他们在这个世界上并不孤独，父母永远是他们心灵的归宿。这样做，容易将"我很在意你和这次沟通，我相信你能听进去"的意图传递给孩子，为接下来的沟通做好准备。

第五，沟通的问题要具体，切忌太过含糊。很多家长经常会对孩子说："你可得努力学习。"这种话看似语重心长，其实在教育上对孩子是无效的、敷衍的。

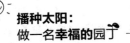

二、让爱成为原动力

很多时候，父母努力给孩子提供舒适的物质条件，父母觉得这就是爱，孩子却很难感受得到。父母不需要默默地为孩子做完所有事，要让他们明白，这并不是父母必须要做的。如果父母当面表达不了，可以通过书面留言的方式和孩子沟通。可以在孩子的枕头下放张小字条，上面写上父母的爱或者父母不能当面说出口的歉意；可以记录关于孩子的某件小事，让孩子知道，关于他的一切，父母都记在心上；也可以在孩子书本里夹一张留言的便笺，让孩子感觉到爱和被珍惜，孩子才能有爱别人的能力，才能更好地与人相处。这也是对情商的历练。

作为父母，爱孩子的秘诀就在于接纳孩子，最好的方式就是无条件表达自己的爱。在我们的身边，有时听到有些父母不停地抱怨，嫌孩子不懂事，如"我白疼你了"，这话里的意思就是疼孩子不值得，尤其是当孩子考试成绩不理想，或者是因为一些事情让父母失望时，父母挂在嘴上的话经常是："你怎么就这么不争气呢？养你有什么用？"难道孩子的价值只能通过成绩来体现吗？父母的爱要用好成绩来换吗？当孩子违抗父母的命令，表达自己对事情的不同看法时，我们经常会听到一些父母说："你这孩子一点儿也不听话，不讨人喜欢！"难道说，为了讨人喜欢，为了能得到父母的爱，孩子就要听父母的话，放弃自己的想法吗？

孩子是需要家长指导的，对于初中的孩子更是树立三观的关键期。如果孩子行为不当的时候，家长不及时予以指导纠正，那么他们就会产生误解。聪明的父母对孩子要爱而不娇，不要为了讨好孩子百依百顺。我们爱孩子，要爱得有章法、有纪律、有原则。"没有规矩，不成方圆。"给孩子爱和自由，是给孩子一个安全的边界，只有在这个边界内孩子才能寻找到自我而不迷失，只有在这个边界里孩子才能有真正的自由。

三、做好孩子的榜样

一代文宗李贽说过："动人以言者，其感不深；动人以行者，其应必速。"如果以言论去打动别人，对方并不会有太深的感受；如果以行动去打动人，那么能非常迅速地得到效果。

在教育中也是如此，身教会比言传来得更有效果。做父母的都知道，当孩子不想做作业的时候，就算你给他一支笔，也无法逼他写出一个字。如果他不想写作业，就真的不让他写吗？当家长无法让孩子"听话"的时候，家长所要做的，就是让孩子知道什么是责任。日本著名的管理学家大前研一说过："责任，用另一种说法来表达就是对他人的体恤。察觉到自己并不是独自一人活在世界上，而是生活在与人、与社会的互动之中，并扮演好自己的角色。只要能理解这一点，之后要做什么事情，由孩子自己决定。"

作为父母，要告诉孩子什么是一个学生的责任。如果孩子选择不做作业，那么他就要承担考试不及格甚至不能顺利升级的后果；如果孩子不按时吃饭，那么就要接受过饭点没有饭吃的后果；如果天冷了让他加衣服他不愿意，那么感冒的时候就不要惯着他；他想睡懒觉，就要承担迟到的后果。我们最终的目的是让孩子明白：父母的建议是给孩子作为参考的，他们可以自己选择，但不管结果是好是坏，父母会为他心疼或者骄傲，可最终还是要他自己去承担后果。只有经历过这些教训，他们才能更好地面对今后的各种逆境。

如果说智商是敲门砖，决定了起点，那么情商则是升降梯，决定了提升，而逆商是舞台，决定了孩子的格局。作为家长，我们要用更高的格局去引导孩子。

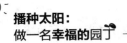
倾情传递每日正能量，播爱奋斗激励你和我

如果每一个人都活成一束光，中国就必将是一轮闪耀的太阳。——付琰

是的，幸福的生活是奋斗出来的，对孩子的情商与逆商的培养也是如此。家校有效沟通需要对孩子的情商与逆商进行培养，高级别的情商与逆商的培养和塑造的实现之路可以用道阻且长来形容。所以让每一个学子都活成一束光，需要经常为所有倡导和实践的人打气加油。

为此，从2020年1月6日开始，工作室主持人杨大成老师率先垂范，带领深圳市名班主任杨大成工作室全体成员倾情奉献"每日正能量"，为每一位砥砺前行的勇士加油。

每日撰写正能量需要教师们日复一日的坚持。我们不是因为看到希望才去坚持，而是因为坚持才会看到希望。没有比脚更长的路，没有比人更高的山。正是因为有了我们这些遥望相助、不断拼搏，共克时艰、不断奋斗的爱心人士，才成就了我们中华民族同舟共济为幸福生活而奋斗的从容自信、壮观豪迈的特殊景象。

附：深圳市名班主任工作室每日正能量节选精品（如下）

深圳市杨大成名班主任工作室每日正能量：

2020年1月6日　星期一

人只要生活在这个世界上，就会有很多烦恼。但是，痛苦和快乐取决于你的内心。再重的担子，笑着也是挑，哭着也是挑。再不顺的生活，微笑着撑过去，撑过去就是胜利。别自制压力，我们没有必要跟着时间走，只需跟着心态和能力走，随缘、尽力、达命，问心无愧，其他的，交给天。人生，总会有不期而遇的温暖和生生不息的希望。所有温暖，都不会被辜负。

2020年1月7日　星期二

寒来暑往，岁月更迭，总有一些逆境突如其来。这些逆境改变了我们的生活习俗，却改变不了我们对生活的那份热爱。有些逆境，让朋友分道扬镳；有些逆境，给我们带来痛苦；更有些重大的逆境，夺走了宝贵的生命。但面对逆境，不能痛苦，也不要哭泣，一定要调整心态、昂首面对，再大的坎也能迈过去。所有的伤痛都将在春天被治愈，向前走，必定是春暖花开。

2020年1月8日　星期三

不论做什么事，都要相信你自己，别让别人的一句话将你击倒。人生有许多事本没有对错，只有选择后的坚持。不后悔，走下去，走着走着，花就开了。无论有多少困难，都要坚强地抬头挺胸，告诉所有人，你并非他们想象的那样不堪一击。

2020年1月9日　星期四

身处逆境之时，我们可以借机静心，反思过去，审察现在，憧憬未来。逆境之中，我们更需要勇气和智慧；更需要互相关怀，不要惊慌失措，慈悲友爱，互相鼓励；更需要调整内心，相信逆境就要过去。逆境是危也是机，让我们以一颗好心、善心、爱心、慈心、悲心、净心来面对，才能逐步转危为安。

2020年1月13日　星期一

人生如梦，去日苦多。白驹过隙，岁月如流。岁月伴着年华走，欢喜悲伤皆浮华。做人，就要做最真实的自己，不虚伪，不做作，以诚为本，爱憎分明；活着，就过自己想要的生活，不向金钱低眉，不向权贵折腰，心有定律，坚守底线。对待帮助过自己的人，要时刻怀有一颗感恩的心，不忘义，不忘情；面对挫折与磨难，不叹息，不惆怅。以平和的心态珍惜每一天，以感恩之心回报每一个关爱自己的人。

2020年1月15日　星期三

"心宽一尺，路宽一丈。"假如心存烦恼，就会满腹牢骚；如果心态放

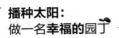

宽，那么处处是晴天。所谓得失，就是许多事情放不下、想不开。其实，得失皆浮云。只要摊开双手，去拥抱，去飞翔，你就会拥有美好，明天也会更好。要相信，上帝为你关上一扇门的同时，还会为你开启一扇窗。

2020年1月22日　星期三

人与人相处：信任才能拉近距离，真诚才能走进心里。不管世界怎么变，正直，永远最可贵；善良，永远不过期。一个真诚的人，走到哪里都会有人喜欢，因为说话有情，做事用心，为人诚恳。人这一生：好名声是用有情有义赢得的，好感情是用真心实意换来的，好人品是用一辈子去打造的。做人，一定要以真诚为先；心灵，一定要以善良为本，你的世界一定无比美好。

2020年1月23日　星期四

也许，人生远没有你想象的美好；也许，生活尚不遂你所愿；也许，工作并非称心如意；也许，天空仍有雾霾风雨；也许，前进路途还有泥泞。不过，没必要灰心，也不必沮丧，更不能忧心忡忡，为了梦想起跑，永远不会太晚。只要把握时间，只要持之以恒，只要有足够的自信，你会永远拥有与整个世界叫板的底气。

2020年1月24日　星期五

业无高卑志当坚，男儿有求安得闲？你没有资格气馁，也没有理由退缩，更没有借口安逸。你的不努力，会让你和家人看不到未来和希望；你的不努力，便是一种逃避现实的消极和自私。只有充满信心、从容面对生活的人，才能时时迸发新鲜而奋发向上的激情，才会获取生活的丰厚赐予。

2020年1月25日　星期六

新年伊始，万象更新。庚子大年初一到了，这里我给大家拜年了：祝大家新年快乐！心想事成！鼠年大吉！

敲响的是钟声，走过的是岁月，留下的是故事，带来的是希望，盼望的是美好，迎接的是祝福。庚子新年，愿伙伴们：一生平安快乐，幸福永远相伴。愿所有的祝福拥向你，是我的期许；让佳节的喜悦为你洋溢，是我的祝愿；让幸福的生活与你相拥，是我的期望。又是新的一年，让我们共同进步。

2020年1月27日　星期一

不管风雨多大，总会有雨过天晴的时候，虽然雨后不一定有彩虹，但至少会万里晴空。不要为眼前的一两次打击而气馁，坚持，只要比赛没有结束！自己选择的路，就算是跪着，也要把它走完！任何时候你都可以开始做自己想做的事，只要你不用年龄和其他东西去束缚自己。每个人心中都有一片海，自己不扬帆，没人帮你启航。努力，才能看到胜利的彼岸。

2020年1月28日　星期二

愿你能把梦想放在心底，化为最坚定的力量。不管一路上多么坎坷和不安，那份坚持一直在；不管一路上是坦途或荆棘，那份努力一直在。任风景变换，笑脸相待，让未来，更清楚地来。人最大的对手，往往不是别人，而是自己的懒惰。别指望撞大运，运气不可能永远在你身上，任何时候都要靠本事吃饭。你必须拼尽全力，才有资格说自己的人生没有遗憾。

2020年1月29日　星期三

生命来来往往，你永远不知道明天和意外哪一个先来；人生浮浮沉沉，你永远不知道会经历怎样的起起落落。一时、一天、一月、一年，每时每刻、分分秒秒都有悲剧、喜剧交织发生。经历过许多事、许多人，我们终会发现：生死之外，再无大事。愿你我，都有远离逆境的运气，新的一年，平安顺遂、健健康康。愿你我，都有保护自己和家人的能力，回归生活的每一天！

2020年1月31日　星期五

不管前行的道路有多少荆棘，都要坚定不移地向着目标迈进，因为这只是黎明前短暂的黑暗而已。不要担心乌云不会散去，要相信晴空终会到来，太阳总会升起。此刻的你，别把时间花在等待的恐惧中。从今天起，学着做一个简单的人，不沉迷过去，不惧怕将来，以满满的自信，主宰自己未来的世界。

2020年2月2日　星期日

世事如烟，随它飞转，盐外爱心授课倾情传递永恒不变！生活无须绚烂至极，每一个当下，唯有珍惜。生活不在乎是否显达，健康就好；日子不求荣华，平安足矣。

新的一月，愿世界依然温柔待你，所有的努力都有回报，所有的失去都能释怀，所有的好运都能到来。愿所有的人，都以幸福的名义，各自美满、安好。

2020年2月4日　星期二

"这一年才刚刚开始，好像全世界就在以各种方式提醒我们要学会珍惜。"最近，微博上的这段话，引发了很多人的感触和共鸣。其实，无常本就是人生常态。只是很多时候，我们都习惯了等待，习惯了说来日方长，而忘了世间并无恒久之事。多少来日方长，最后都变成后会无期。而人生最大的错误，就是总以为还有时间。请从现在开始，好好珍惜。珍惜当下的每一份拥有，不要等到失去才后悔，不要发现错过了才拼命挽回。

2020年2月5日　星期三

奇迹考验人的毅力，灾祸塑造人的坚强，人生就是一个不停跌倒、不停爬起、不停强大的过程，坚信自己，突破自我。纵使我们无法预知未来的路，但集中精力，走好脚下的每一步，向前走，向前看！请相信，无论冬天多么漫长，花儿总会盛开，春天终会到来！

2020年2月6日　星期四

没有什么比当下的付出更能让你看得清远方的目标，看得清未来的方向。不懈怠，不停顿，积少总能成多，集腋方可成裘；别敷衍，别偷懒，困境一定可以改变，春天很快就会到来；莫等待，莫拖延，若选择虚无缥缈，规划永远就是梦境，梦想必将成为泡影。行动胜于规划，凡事重在落实，往往越拖越无奈、越绝望。喜欢或者不喜欢都要踏实去做，成败往往只是一线之隔、一念之间！

2020年2月13日　星期四

很多时候，我们总以为来日方长，殊不知，当你在消磨时间之时，时间也在消磨你。那些被虚度的年华，那些因贪图安逸而偷过的懒，最终都会变成生活的刁难，让你日渐颓废而不自知。尼采说："每一个不曾起舞的日子，都是对生命的辜负。"人生数十载，三万多天的日子，看似很长，其实很短。如果不懂珍惜，只会给自己留下许多遗憾和悔恨。

2020年2月17日　星期一

我们所遇到的坎、遭受的劫、碰到的难，都不是为了打败我们才存在的，而是为了让我们增长智慧、磨炼心智、提高能力而存在的。古罗马诗人奥维德说过："忍耐和坚持虽是痛苦的事情，却能渐渐地为你带来好处。"人的成长都需要经过一段难熬的岁月，才有更深刻的成长烙印。熬过来了，才懂感恩和珍惜生命。

2020年2月18日　星期二

我们都要知道良心是做人的底线。人心向善，丢什么也不能丢了良心。否则，丢掉了这根"底线"，就必然会把自己送入失败的人生"黑洞"。孟子说："仰不愧于天，俯不怍于地。"这是在告诉我们，为人处世不能愧对天地，不能愧对自己的良心，做人必须光明磊落，问心无愧。若如此，其人可友，其生亦好！

2020年2月19日　星期三

用心灵点燃生命的灯，用坚强编织美丽的彩虹，伸出温暖的手，有爱才会永恒，无穷的力量都在逆行中！人生充满挑战，再苦也要有笑容，人生充满风波，再难也要坚持住。世间之事不如意，总要向好的方面看，面对困难要自信，胜利总是在前方征途中。

2020年2月20日　星期四

失去会让你懂得珍惜，挫折会让你变得坚强，弯路提醒你前方过后是坦

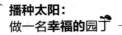

途。人生，没有过不去的坎，成长就是越来越成熟，就是将哭声调成静音、把情绪藏在人后的过程，它使人们学会了坚强。你走的每一步都属于你的成长，就算是险境你也要走过去，是大海也要游过去，是高山也要攀过去，都过去了，才能看到彼岸的光芒！

2020年2月21日　星期五

只要心情是晴朗的，人生就没有雨天。给自己一个微笑，无论你过去做了什么，将来即将做什么，生活中依旧有许多值得感恩的地方。给自己一个微笑，是对自己的一个肯定，也是对未来的一份期许。任何的收获都不是巧合，而是每天努力与坚持的结果。不怕你每天迈一小步，只怕你停滞不前；不怕你每天做一点点事，只怕你无所事事。无论你今天要面对什么，既然走到了这一步，就坚持下去，给自己一些肯定，因为你比自己想象中要坚强！

2020年2月22日　星期六

凡事看淡，一切随缘，放下别人的过错，解脱自己的内心，开心过好每一天。放宽心，多包容，少计较。人生之苦，苦在执着；人生之难，难在放下。世事难料，谁也不知道明天和意外哪一个会先来。越是遇到烦心事，越要放平心态，调整好情绪，去寻找解决问题的最佳方法！

2020年2月23日　星期日

命运中最核心的东西，是学习，人生如花草，若无学习之浇灌，再艳丽亦将枯萎；能够促使你学习的，是勤奋，早起的鸟儿有虫吃，只有在勤奋中方可触及梦境；永保勤奋之姿的，是坚持，成败原本咫尺之遥，看谁可以最后咬牙三分钟。坚持的长短，源自有无好胜之心，那些打败你的，说到底，还是你自己。

2020年2月24日　星期一

不论经历了怎样的人生，面对了怎样的艰难不易，春来，一切寒冷煎熬都可以过去，也皆成过去。给自己一份信念，便是新的景境。春天，是生的希望，是所有轮回的新始。生命如此无常，多少人有来，却未必有往。有生之年，润如春水，暖如春阳，善如春花，淡如春风。春来，是最美的期待，更是生命的复苏。

2020年2月25日　星期二

每天给自己一个希望，不为昨天烦恼，不为明天迷惘，只为今天更美好。清空心里的阴霾，用希望迎接太阳，用笑声相伴时光，用快乐填满心房。借时光之手，暖一束花开。借一方晴空，拥抱阳光。期待一天的充实，期待一份祝愿，幸福安康！

2020年2月26日　星期三

与其坐而论道，不如起而行之；与其空想明天，不如抓住今天。当你行动起来后，即使结果不如预期，奋斗的经历与学到的本领，都是日后宝贵的财富。从现在开始，做个实干家，用自己的双手创造想要的生活。

2020年3月2日　星期一

人生如天气，艳阳之下亦有雨，树静之后必起风。如果觉得不如意，那就去风中吹吹，去雨中淋淋。世界很大，风景很多，生命很短，与其蜷缩在阴影里，不如勇敢地搏击，把失败当起点，视挫折为阶梯。只要努力过、奋斗过，你就会发现，没有了阴影，阳光就失去了意义。伤口上长出的鲜花，会更加地夺目绚丽！

2020年3月6日　星期五

每一次失败，都是成功的伏笔；每一次考验，都是收获的前提；每一次泪水，都是醒悟的伏笔；每一次磨难，都是生命的砥砺；每一次伤痛，都是成长的支柱；每一次打击，都是坚强的继续！

2020年3月8日　星期日

没有母亲，生命将一团漆黑；没有母亲，世界将失去温暖。那么多哲人志士，将伤痕累累的民族视为母亲，将涛声不断的江河视为母亲，将广阔无垠的大地视为母亲。而作为一种岁月，母亲既是民族的象征，也是爱的象征。

妇女节特献！三八女神节快乐，感恩有您！

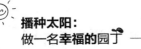
2020年3月13日　星期五

人生，多一分欢乐，就会少一分悲苦。生命就是感悟，生命就是懂得。是因为经历才懂得，是因为懂得才珍惜，是因为珍惜才在乎，感谢生命所给予我们的一切。珍惜生命，敬畏生命。

2020年3月14日　星期六

为人处世，不管嘴笨还是嘴甜，心地善良才是本钱；人活一世，不管能说还是能干，光明磊落才是关键。不伪装、不敷衍、不欺骗，就是一个人的真；懂宽容、懂尊重、懂体谅，就是一个人的善。做一个正能量的人，比什么都重要！不哀、不怨、不消极、不沉沦、自强不息、积极进取，做一个正能量的人，活着，才有价值，才有意义！

2020年3月15日　星期天

人生的高度，不是你看清了多少事，而是你看轻了多少事；心灵的宽度，不是你认识了多少人，而是你包容了多少人。做人如山，望万物，而容万物；做人似水，能进退，而知进退。生活是一种勇敢和进取的态度，不是盲从于得失与艰难，学会认同生活的丰富与充实，活出生活的觉悟与光明方式。

2020年3月19日　星期四

得不到的、握不住的，都要学会放下。"提起千斤重，放下二两轻。"一念放下，万般自在。放下，就是要放下那些自私的欲望和心头的恶念，放下那些无谓的执着和顽固的偏执。风起时，笑看落花；风停时，淡看天际。懂得放下，生命才会更加完美，不以得为喜，不以失为忧，顺其自然，随遇而安。

2020年3月25日　星期三

与其看清，不如看明；与其看明，不如看透；与其看透，不如看淡。生存可以睁开双眼，生活还要睁眼闭眼，修行且会关闭双眼，觉悟当能打开心眼。太清楚了是懵懂，太清醒了更糊涂，太认真了反被骗。走路不可不稳，散步不可不缓，远行不可不慎，归途不可不转！

2020年3月26日　星期四

沙漠，如果失去了飞沙的狂舞，就失去了壮观；大海，如果失去了浪涛的奔腾，就失去了浩瀚；人生，如果只求两点一线的安逸而本末倒置，便会失去对生命的追寻。感悟生命，我们才会懂得它的波澜，体会它的豪迈，感受它的价值。奋斗就是每天做好手头的每件小事，不拖拉、不抱怨、不推卸、不偷懒。每天一点一滴的努力，才能汇集起千万勇气。

2020年3月31日　星期二

被人误解的时候千万不能动怒，那会伤身；受到委屈的时候绝不要发火，那会伤心；被人蔑视的时候可不能生气，那会伤悲；失败的时候切不能气馁，那会伤神；失恋的时候更不得发飙，那会伤感。人间冷暖常有，世事不平常存，面对纷繁复杂的生活，面对挫折打击，我们要学会随遇而安，放开胸襟，淡然笑对人生。

2020年4月3日　星期五

走在生活的风雨旅途中，我们没有必要去为难自己。冷了，自己加衣；累了，给自己一个拥抱；坚持不下去了，想想自己为什么要坚持到现在。失败了、跌倒了，擦干眼泪爬起来，继续向前走。有人帮扶，一定要感恩；无人支持，也绝不气馁，随时给自己一份坚强，暗香拂袖，心底生暖。

2020年4月4日　星期六

一年一年的清明，一年一年的牵挂，一次一次的想念，一分一秒的记忆。不会忘记，也不会离去，为了身边的、离去的，好好努力，好好珍惜。你悲伤，或者流泪，已发生的不改变；你努力，或者奋斗，时光前进不倒退；你失意，或者欢笑，生活依旧在继续。

清明节，怀念过去，迎接未来。清明节到了，要怀念先人，更要珍惜眼前人！

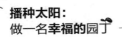

2020年4月7日　星期二

人生犹如变幻莫测的天空，瞬息阳光挥洒，瞬息乌云密布。不要为一时的出人头地而狂妄自大，也不必因暂时的平淡无奇而妄自菲薄。此刻的平庸并不代表长久的无能，把所有的不顺和失败变成坚定的信念，把所有的遭遇和挫折化为顽强的意志，只要不放弃，再平凡的人生也能创造奇迹。

2020年4月8日　星期三

改变内在，才能改变面容。一颗阴暗的心托不起一张灿烂的脸。有爱心必有和气，有和气必有愉色，有愉色必有婉容。世上没有不平的事，只有不平的心。人活一世重要的是经历，苦也好，乐也好，过去的不再重提。追忆过去，只能徒增伤悲。当你掩面叹息的时候，时光已逝，幸福也从你的指缝悄悄溜走。不去怨，不去恨，淡然一切，往事如烟。珍惜现有的生活，幸福就在你我身边。

2020年4月15日　星期三

曾经，我们总是渴望过热闹繁华的生活，总以为这样就可以摆脱孤单、摆脱无聊、摆脱平庸。但慢慢地我们会发现，自己越来越渴望过简单朴素的平凡日子。我们不再渴望扎到人堆里去，而是学会了在懂我们的人群中散步；我们不再渴望灯红酒绿的日子，而是学会了在细水长流中知足；我们不再渴望非要得到他人的关注和肯定，而是学会了跟自己独处。平平淡淡才是真，简简单单才是福。一个人只有学会静下来，在平淡的日常中寻找细微的美好和感动，才能更加快乐和幸福。

2020年4月16日　星期四

过去是一首难以忘怀的歌，是一本激情燃烧的书，弹奏过岁月的美好，也唱出过时光的艰辛，记载着一路走过的欢笑，也承载着太多的泪水。过去的已无法改变，未来仍然如一张白纸，任我们规划，任我们书写，尽情抒发我们对美好的憧憬。愿我们都能够不沉湎于过去，也不空谈未来，把握好现在，去谱写未来崭新的自己。

2020年4月18日　星期六

不辜负生活，就要活得用力些，去填补生命的空白；不辜负春天，就要趁着春色尚好，做一个播种的人。心中有希望，就没有抵达不了的远方；心中有风景，处处花香满径。盈一颗初心，感受清风拂面的温柔，时光虽会变老，但春色正好。用一颗年轻的心，不辜负身边每一场花开，不辜负当下一点一滴的拥有。愿我们尝过世间冷暖，看尽尘世繁华，仍能去热爱、去感恩，微笑向暖。

2020年4月19日　星期日

所谓生活不简单，大多是因为顾虑太多。顾虑多了，便会被烦事所扰。想想"采菊东篱下"的陶渊明，放弃世俗困扰，方能"悠然见南山"。不为生活忧心，才会"复得返自然"，才能在远离喧嚣的田园中高歌"乐夫天命复奚疑"。一个人的精神是有限的，只有给生活做个减法，才能体会到其中的精髓。抓得越多，越容易把自己压垮；抓得越紧，越容易把自己束缚。不如放下包袱，轻松前行。在坎坷的路途上，开心地走下去。

2020年4月26日　星期日

我们要给自己一缕阳光，让心释然。有了这一缕阳光，我们就会收获一份坦然和快乐，我们的世界就会永远明亮，我们就会领略到月圆是诗、月缺是画、日出灿烂、日落浪漫，那一份好心情会让我们的修行更加完善。给自己一缕阳光，让孤单的自己找到同行者。把微笑挂在脸上，微笑是一种热情、一种挚爱、一种大度，也是一种善良。

2020年5月2日　星期六

山不却垒土之功，故能成其高；海不避涓涓细流，故能成其大。这世上从来就没有一步登天的神话，有的只是日积月累、滴水穿石。没有什么能够打败一个永不言弃的人，只要方向足够明确，信念足够坚定，全世界都会为你让路！

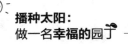

2020年5月3日　星期日

生命的精彩正在于生生不息的变化，而人生的每一点付出，都是在积累。别总是抱怨生活不够幸运，是你欠了生活一份努力。未来美不美，取决于你现在拼不拼！人生几十年，每分每秒都摆在那里。有的人一生波澜壮阔、海阔天空，一辈子抵几辈子过；而有的人，永远在没时间、没机会、没心情中消磨时光。你无法阻止时间流逝，你只能管理自己。别把自己毁在"等有时间再做"中，从今天开始改变！

正如杨绛先生所说："无论人生上到哪一层台阶，阶下有人在仰望你，阶上亦有人在俯视你，你抬头自卑，低头自得，唯有平视，才能看见真实的自己。"

2020年5月4日　星期一

行至水穷路自横，坐看云起天亦高。路旁有路，心内有心，凭的是眼界与心胸。命运只有自己掌握，拐弯是前进的一种方式。人在前进的路上就是两件事：前进和拐弯。前进需要勇气，拐弯需要智慧。路不通时，选择拐弯；心不快时，选择看淡。人生如行路，一路艰辛，一路风景。

2020年5月5日　星期二

请相信，那些悄悄流逝的时光，催老了我们的容颜，却丰硕了我们的人生；请相信，青春的宝贵并不是因为那些年轻的时光，而是那颗盈满了勇敢和热情的心，不怕受伤，不怕付出，不怕去爱，不怕去梦想；请相信，青春的逝去并不可怕，可怕的是失去了勇敢的热爱生活的心。从今天起，勇敢追梦，把磨难当雕刻；从今天起，一往无前，不轻言放弃，太多比赛，逆转就在最后一刻；从今天起，为爱付出，在遇见对的人之前，先成为最好的自己；从今天起，珍惜时光，把握每一个当下。你若不信努力和时光，时光第一个辜负你。努力，只为更好的自己。

2020年5月6日　星期三

人的一生，没有谁事事得意、处处风光。告诉自己，淡然一些，看开一点，生活的过程中保持一种平常的心态，淡然而简单，就会愉快。没人知道，痛苦会在哪个时段出现；也没人清楚，烦恼会在哪个地方光临。我们能做的，就是做好自己；我们应做的，就是珍惜拥有。不管今后遭遇多大的困难，不论以后碰到多少的不快，我们都应真诚相处、坦诚相待。

2020年5月10日　星期日

某人不才，笔耕励人之垄坎，抒怀警心之句窦。警句有尽，爱心无穷，总在青山夕照中。

青山不改移花木，绿水长流万木春。世事岂能尽如人意，但求无愧我心。

不知道要走多少步才能达到目标，踏上第一万步的时候，仍然可能遭遇失败，但成功也许就藏在拐角后面。很多时候，我们离成功只差一点点的距离，只要保持专注，直面挫折，不埋怨、不逃避，我们自己走过的每个低点，都会成为通往高峰的必经之路。认真的人改变自己，执着的人改变命运。我走得很慢，但我从不后退！

2020年5月14日　星期四

做人，需要勇气和魄力，困苦前不退缩，冷言下不止步，敢于直面现实，负重前行。人生不是坦途，生活更是处处有压力，但是从来不会让你无路可走，只要你愿意，处处都是路。自古兵来将挡，水来土掩，很多事情当你真的迎头直上了，就会发现，再多的风雨和磨难最终都会过去。不生气要争气，不看破要突破，不嫉妒要欣赏，不拖延要积极。心态决定状态，心胸决定格局，眼界决定境界，行动创造未来。

2020年5月15日　星期五

成长是一种经历，成熟是一种阅历。人生的路，无须苛求。只要你迈步，路就会在你脚下延伸；只要你扬帆，便会八面来风。启程了，人的生命才真正开始；启程了，人的智慧才得以发挥。千万不要贬低自己，自信的人最有魅力。时刻正确地看待自我，自信创造人生的奇迹。你有多自信，世界就有多相信你；你有多坚持，成功就有多眷顾你！

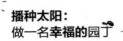

2020年6月7日　星期日

人生就是这样坎坎坷坷、曲曲折折。有高，就会有低；有直，就会有曲。谁的人生，都不会一帆风顺。痛苦是常有的，遗憾是常见的。有的人，于平凡中含着伤痛；有的人，于痛苦中带着微笑。不同的人，有着不同的情形。生命总是眷恋着坚定，厌倦着沉沦。告诉自己，生活不完美，自己须完美，我们要学会用积极的心态去精进自己。

2020年6月12日　星期五

学习向日葵，哪里有阳光就朝向哪里。多接触优秀的人，多谈论健康向上的话题。心里若是充满阳光，哪里都是晴天！奋斗就是每一天都很难，可一年比一年容易；不奋斗就是每一天都很容易，可一年比一年艰难。怕吃苦的人吃苦一辈子，不怕吃苦的人吃苦一阵子。所以拼着一切代价，奔你的前程。拼一个春夏秋冬，赢一个无悔人生。有结果的努力是锻炼，没有结果的努力是磨炼。不管怎样，每一种际遇都是你生命中不可或缺的元素。不曾辜负过每个朝阳，不曾荒废过每个深夜，因为平凡而奋斗，因为奋斗而不平凡！

2020年6月18日　星期四

生活的滋味，甘苦互依，咸涩共存；人生的道路，阡陌交错，五味杂陈。走过崎岖，才知平坦；经历风雨，方见彩虹。挫折时，从容乐观地面对；失意时，淡然优雅地转身。我们要学会在阴霾中找寻温暖，在暗夜中探求光明，咀嚼平淡如水的生活，领略四季起伏的风景，走出属于自己的多彩人生。

2020年6月19日　星期五

路在脚下，是距离；路在心中，是追求。有追求，就会有坎坷；有希望，就会有失望。风有风的方向，云有云的心情，别奢望人人都懂你，别要求事事都如意。脚踏实地，依心而行，做最真实、最漂亮的自己。顺境时，多一份思索；逆境时，多一份勇气；成功时，多一份淡然；彷徨时，多一份信念。生活总是这样，你以为失去的，可能在来的路上；你以为拥有的，可能在去的途中。

2020年6月20日　星期六

人生一辈子，只要你一直前行，就会看到更多、更美的风景，不要因碰到困难压力而把自己变得不堪重负、暗淡无光。成功的人懂得熬，失败的人只会逃，卓越的人选择迎风前行并思考！其实放弃和坚持就在一瞬间，扛住了，世界就是你的。生命的意义在于拼搏，因为世界本身就是一个竞技场，无数次被礁石击碎又无数次地扑向礁石，生命的绿荫才会越长越茂盛。

2020年6月21日　星期日

不论多难做的事情，只要你开始行动，困难总会一个一个慢慢化解。然后你会发现，不管什么目标，总会有到达的那天。当你决定出发并且为之付诸实践的时候，最困难的那部分就已经完成了。这个世界人潮拥挤，请给自己的生活多点信心，照顾好自己，你要逼自己优秀，优于过去的自己。每一个华丽的转身，背后都有不为人知的心酸。外表的光鲜亮丽，背后都有辛勤汗水与辛劳付出。一分耕耘，一分收获，羡慕别人，不如战胜自己。

2020年6月22日　星期一

生活是一场漫长的旅行，不要浪费时间，去等待那些不愿与你携手同行的人。你只管朝前走，碰到什么是什么。不必为谁改变，只管一往无前。人生有不同的选择，没有对错之分；每个人背后都有别人体会不到的辛苦，每个人心里都有旁人无法感受的难处。路一步一步走着，事一点一点做着。不同人生，欣赏不同风景；不同生活，感受不同节奏。美丽由健康而来，伟大靠平凡积累。

2020年7月7日　星期二

拼搏的汗水和得偿所愿的喜悦，才是青春该有的样子。为了寒窗十载的努力，为了年少时的梦想，也为了不给青春留下遗憾，请勇敢迎接每次挑战。愿所有付出都不被辜负，愿所有努力都浇灌出理想的花朵。高考加油！

——致高考的孩子们

2020年7月10日　星期五

有自信的人，可以化渺小为伟大，化平庸为神奇。信心是命运的主宰，坚定的信心，能使平凡的人们做出惊人的事业。与其羡慕别人，仰望别人的成功，不如加快自己的脚步。我自信，我拼搏，我出色，我成功，天生我材必有用。一切困难前的退缩，不过是心中的懦弱，真正的勇气，来源于信心的坚持。人生的道路，是充满了挑战的征途，不断地拼搏着，即使受伤，即使哭泣，即使流血，也绝不悲凉，心中总有一个火把，散发着乐观豁达的火光。

2020年7月17日　星期五

只有当你直面生活中的累，坦然接受成长给予的汗水和眼泪，每一次都鼓足勇气迎难而上，勇敢地去解决问题，你才能获得真正的成长和力量。不抱有一丝幻想，不放弃一点机会，不停止一日努力，哪怕是小草也能体现点缀春天的价值。

真正的勇敢，不是从不害怕，而是带着畏惧也要继续扬帆启航；是知道人生路上总有艰难坎坷，依然有勇气拥抱生活，笑迎挫折。每一个迎风向前的人，都是自己的英雄。

2020年7月20日　星期一

中考的意义在于你真正投入的过程。请务必坚持信念，守得云开见月明，祝你们成功！愿所有的考生都能以平常的心态参加中考，发挥自己的水平，考上理想的学校。

成为你想成为的人，什么时候都来得及开始；做你想做的事，什么时候都来得及努力。千里之行，始于足下，迈出第一步，朝着目标前进，整个世界都会为你让路。

美好生活，不是空想得来，是用努力的汗水浇灌而来。也许你只是一株稚嫩的幼苗，然而只要坚韧不拔，终会成为参天大树；也许你只是一条涓涓小溪，然而只要锲而不舍，终会拥抱大海；也许你只是一只雏鹰，然而只要心存高远，终会翱翔蓝天。

2020年7月25日　星期六

再漂亮的花，总有凋零的时刻；再美好的岁月，都会成为旧日的书页。时光可以剥夺旧日的容颜，却无法剥夺内心的温暖和丰盈。每一天都是生命中的绝版，都是年华中无法重新书写的章节。你若盛开，清风自来；你若不伤，流年无恙。生命的精彩需要自己来创造，自己来安排。

2020年8月9日　星期日

小成靠智，大成靠德。有大作为的人，往往都是德行高尚的人。知深浅、明尊卑、懂高低、识轻重、讲规矩、守道义，不以术而以德，不以谋而以道，不以权而以礼。

独处时，超脱自然，管好自己的心；待人时，将心比心，管好自己的口。规矩做人，圆通做事，宁静致远，自我反思，则事事顺心、处处安心。

2020年8月14日　星期五

一个人最好的状态，就是脸上挂着笑容，眼里写满故事，风雨里保持良好的心态，拥有健康的体魄。埋头积累，蓄势待发，不断进步；保持自我，抓准机遇，不断挑战。

生活不是一往无前的冲锋，而是内心的真实选择。知世故而不世故，处江湖而远江湖。其实生活中最能带来收获的，往往是那些艰难的瞬间、时光的过滤。当你觉得生活有些吃力时，千万别放弃，调整好步伐，继续走下去，你会发现通往美好生活的路其实就在眼前，而人生宝藏的密码就藏在你的坚持里。

2020年9月1日　星期二

人呢，以百年记，也不过是三万六千五百多天，在历史长河中，能有明月诗歌、鸿雁烟火，已实是不易。有一副对联说得有意思："若不撇开终是苦，各自捺住即成名。"一撇一捺就是大写的"人"字！《人类简史》中有一句著名的话："新世纪的口号，快乐来自内心。"小伙伴们，请常叩问内心：我今天快乐吗？

人若没有高度，看到的全是挠头问题；人若没有格局，看到的全是鸡毛蒜皮。生活，总是磕磕绊绊，有成有败，有得有失，有喜有悲。保持一颗平常心，淡泊明志，戒骄戒躁。

若成功，则不忘努力，懂得珍惜；若失败，则当是磨砺，增加经验。人这辈子，除了生死，都是小事；过往纠葛，都是故事。人，一简单就快乐，一世故就老去。保持一颗年轻的心，做个简单的人，享受阳光和温暖。生活，理应如此。

2020年9月10日　星期四

今天是第36个教师节，祝福世界上最可爱的人：健康平安，万事顺意！大家教师节快乐！把这副网上广为传诵的对联送给大家：

一支粉笔两袖清风，三尺讲台四季晴雨，加上五脏六腑七嘴八舌九思十想，教必有方，滴滴汗水诚滋桃李满天下；

十卷诗赋九章勾股，八索文思七纬地理，连同六艺五经四书三字两雅一心，诲而不倦，点点心血勤育英才泽神州！

横批：纸短情长，师恩难忘。

坎坎坷坷的道路上，有您就有光亮；跌跌撞撞的前行中，有您就有方向。您用汗水，浇灌出稻谷金黄；您用知识，催开了桃李芬芳。您是春蚕，春蚕到死丝方尽；您是园丁，一年四季勤耕耘；您是灯塔，照亮学子人生路；您是太阳，温暖天下孩童心。教诲如春风，师恩似海深，桃李满天下，春晖遍四方。

2020年9月16日　星期三

道路，走过方知长短；人生，经历过才懂悲喜。用眼睛去看的，都是别人的故事；用心去感知、用脚去丈量的，才是自己的人生。要走自己的路，输要输得清清楚楚，赢要赢得理所当然。

人生需要沉淀，宁静才能致远；生活没有当然，心甘才能情愿。人生一世，俯仰间，一撇一捺立天地，做人做事，看淡得失，顺其自然。人生一路，经历无数，啸风寒雨，情聚人离，多一份淡然，才会多一份心宽。没有人能够熄灭满天星光，每一位教育者，都是教育事业要汇聚的星星之火。

2020年9月22日　星期二

雁声过，秋水长，举目天涯，天涯挽云霜。心帘揉碎，碎叶捻花殇。

尝烈酒，品茶香，一抹时光，时光掩重阳。红尘梦破，白发已苍苍。

小的时候，哭着哭着就笑了；长大了，笑着笑着就哭了。诸位看客，为什么？是进步还是退步了？

人生在世，总有风雨，求人是一种依赖，可以依赖一时，却无法依赖一世。靠山山会倒，靠人人会跑。最靠谱的，唯有自强不息的自己。多一样本领，就少一句求人；多一重磨砺，就少一份灾难。

没有伞的孩子，必须努力奔跑。想去求人的时候，不如问问自己，有没有拼尽全力。学会自己撑伞，才能与命运分庭抗礼。撑一把自己的伞，走一条自己的路，一定能走到期望的终点。

2020年10月1日　星期四

岁月若水，走过才知深浅；时光如歌，唱过方品心音。爱情因珍惜而美好，友情因真诚而长久，亲情因相依而温暖。人与人之间，就是一份缘；情与情之中，就是一颗心。

若爱，请珍惜；若惜，请真诚。每一天，都这么好，每一个从睡梦中醒来的清晨，给自己一个全新的开始，只要阳光与你同在，便是你我想要的幸福与温暖……双节同度，节日快乐！

参 考 文 献

［1］［美］简·尼尔森.正面管教——教师指南A-Z［M］.郑淑丽，译.北京：
北京联合出版公司，2017.

［2］陈如平.打造新样态学校［J］.教育科学论坛，2016（12下）.

［3］李季.小活动大德育［M］.广州：暨南大学出版社，2012.

［4］［瑞］让·皮亚杰.教育科学与儿童心理学［M］.傅统先，译.北京：中
国轻工业出版社，2017.

［5］李季.让德育走进心灵——走心德育理论与实践——走心德育：品德形成
的深层引导［J］.中小学德育，2017（2）.

［6］［意］蒙台梭利.童年的秘密［M］.江雪，译.天津：天津人民出版
社，2013.

［7］三峡教科院.基础教育家校共育的理论与实践研究［J］.三峡教育，
2015（4）.

［8］李季.让德育走进心灵——走心德育：理论与实践［J］.中小学德育，
2017（4）.

［9］王荣华.正面管教男孩100招［M］.北京：民主与建设出版社，2017.

［10］王荣华.正面管教女孩100招［M］.北京：民主与建设出版社，2017.

［11］梁慧勤.基于教练技术的班主任培训方略［J］.中小学教师培训，
2014（12）.

［12］梁慧勤.走进生命的教育［M］.上海：华东师范大学出版社，2013.

［13］宋梅.家校共育背景下激发"父亲在场"的路径［J］.教学与管理.
2019，4（15）.

［14］陈祥.家校互助模式下的微惩戒运用初探［J］.教学与管理.2019，1（15）.

［15］瓦·阿·苏霍姆林斯基.给教师的建议（下）［M］.杜殿坤，译.北京：教育科学出版社，1981.

［16］丁如许.创新微班会［M］.上海：华东师范大学出版社，2018.

［17］齐学红.新编班主任工作技能训练［M］.上海：华东师范大学出版社，2007.

［18］邢莉.初中班级文化建设存在的问题及对策研究［J］.科幻画报，2018（4）.

［19］徐惠.浅谈如何有效开展家长工作［J］.动漫界：幼教365，2017（36）.

［20］［美］诺特·哈里.孩子从生活中学到什么［M］.李耘，译.海南：南海出版社，2008.

［21］［美］罗纳德·阿德勒，拉塞尔·普罗克特.沟通的艺术［M］.黄素菲，李恩，译.北京：世界图书出版公司，2010.

［22］［美］Zimbardo. P. G，Leippe. M. R. 影响力心理学［M］.邓羽，肖莉，唐小艳，等，译.北京：人民邮电出版社，2008.

［23］周金平.从老师家访到孩子家访［J］.中国德育，2015（19）.

［24］柳青，蓝天.有效沟通技巧［M］.北京：中国社会科学出版社，2003.

［25］张万祥.班主任幽默施教100篇千字妙文［M］.上海：华东师范大学出版社，2016.

［26］哈叔.决定你成功的不是情商，是逆商［M］.成都：天地出版社，2018.

［27］韦秀英，顾长安.情商［M］.青岛：青岛出版社，2018.

［28］曾国平.智商、情商手拉手［M］.北京：中国民主法治出版社，2001.